思维的
技术

黄磊◎编著

U0313883

化学工业出版社
·北京·

图书在版编目(CIP)数据

思维的技术 / 黄磊编著. --北京：化学工业出版
社，2024.11. -- ISBN 978-7-122-46406-4

Ⅰ. B80

中国国家版本馆CIP数据核字第20247YT700号

责任编辑：葛亚丽　　　　　　装帧设计：水玉银文化
责任校对：赵懿桐

出版发行：化学工业出版社（北京市东城区青年湖南街13号　邮政编码100011）
印　　装：三河市双峰印刷装订有限公司
710mm×1000mm 1/16　印张 13　字数 200千字　2025年1月北京第1版第1次印刷

购书咨询：010-64518888　　　售后服务：010-64518899
网　　址：http://www.cip.com.cn

凡购买本书，如有缺损质量问题，本社销售中心负责调换。

定　价：58.00元　　　　　　　　　　　　版权所有　违者必究

前　言

自从我写的《时间管理从入门到精通》一书获得成功之后，我就一直在思考当下读者的具体需求，我意识到在工作、生活节奏飞快的今天，人们需要以更简单的方式理解、思考并快速解决问题，需要讲干货内容的工具书。

在工作中，当我遇到一个不理解或者比较困难的问题时，之前的习惯是自己思考并解决问题，我知道这是一个好习惯，尤其是在学生阶段。然而，这种方式非常耗费时间，我需要查阅大量资料，而且很多时候找不到自己想要的资料，很容易陷入问题之中。

每个人所从事的专业领域不同，当遇到一个非自己专业领域的问题之后，最简单快速的方法还是求助专业人士，对于懂行的人，可能一两句话就给你讲明白了。然而，天下没有免费的午餐，想要找到懂行的人，就需要付费咨询，而且还不一定就能解决你所遇到的问题。

这时就会显得很无助，问题得不到解决，工作效率降低。每次遇到这种情况，我都非常烦躁，无法专注于工作。

在接触查理·芒格的思维模型之后，我意识到这些思维模型可以帮助我们更轻松地解决工作与生活中的很多问题，能极大地提升效率。利用这些模型，可以省去复杂的思考过程，只需要照着做就可以快速找到问题的答案。

于是我开始研读这些思维模型的使用方法，

随后发现了一个问题，就是大部分思维模型由于方法复杂，缺少案例，都不容易理解。

为了解决这个问题，就有了写这本书的思路，我要设计一本思维导图版思维模型，通过图示化，将每一步的方法呈现出来，逻辑更清晰，也更便于理解。

当你遇到解决不了的问题时，可以试着通过相应的思维模型厘清思路，之后可能并不会帮你快速解决问题，但至少你知道该怎么做了，可以找到相关的专业人士，进一步探讨自己遇到的问题。

虽然通过思维模型处理问题会有效提升工作效率，但是我建议在这之后，还是要进一步思考，要完全理解而不是简单套用模型，这样知识才能变成自己的。

本书筛选了工作与生活中非常重要的 10 个方面，总计精选了 50 个经典思维模型。10 个方面分别是：分析模型，决策模型，目标达成，提问与表达，高效工作，学习精进，笔记模型，时间管理模型，能力崛起，人际交往模型。

本书主要针对广大职场人士与学生群体，以及致力于提升人生效率的读者。在遇到问题时，可以通过思维模型与套用万能公式，快速找到应对策略。

要想成为一个有智慧的人，你必须拥有多个模型。

——

查理·芒格

目　录

第 4 章

提问与表达：如何提出好问题，如何表达有逻辑

第 5 章

高效工作：让工作更简单的模型工作法

第 6 章

学习精进：高效能人士的常用学习模型

第 7 章

笔记模型：世界顶级学霸的笔记术

第 8 章

时间管理模型：高效利用你的 24 小时

第 9 章

能力崛起：快速实现阶层跃迁的思维模型

第 10 章

人际交往模型：轻松成为受欢迎的人

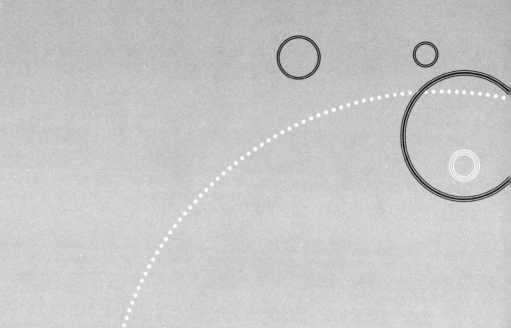

第 1 章

分析模型：
让思考从此更轻松

SWOT 分析模型：认清自我是职场跃迁的第一步

SWOT 分析模型是在 20 世纪 80 年代由美国旧金山大学的管理学教授韦里克提出的，常用于竞争对手分析、企业战略制定等场合。SWOT 是一种常用的企业战略分析工具，之后被应用于更多的领域，自我分析就是其中应用较多的领域之一。

SWOT 是 4 个英文单词的首字母：

S（Strength，优势）：自己的优点或长处。

W（Weakness，劣势）：自己的缺点或短处。

O（Opportunity，机会）：外在环境中对自己有利的条件或情况。

T（Threat，威胁）：外在环境中对自己不利的条件或情况。

以上 4 个要素相互组合之后，还可以分成如下 4 种策略：

SO 优势/机会组合：在这种情况下，应利用资源最大限度去发展自己的优势。

ST 优势/威胁组合：在这种情况下，思考是否有可能利用自身优势，去降低外在环境的威胁。

WO 劣势/机会组合：在这种情况下，需要考虑如何改进弱点，降低自身劣势对自己的影响。

WT 劣势 / 威胁组合：在这种情况下，应采取的策略为收敛，降低外在环境的威胁。

通过 SWOT 思维模型进行自我分析，一般分为 3 个步骤：

第一步：环境分析。通过自我分析以及综合外界反馈（来自亲近关系，如亲朋好友的信息），分析出当前所处的环境因素，包括内部环境与外部环境。其中，内部环境包括优势因素与劣势因素，外部环境包括机会因素与威胁因素。

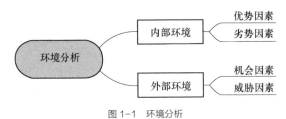

图 1-1　环境分析

第二步：构建 SWOT 矩阵。将分析得出的各种因素按照紧急程度、影响力大小等进行分类。以职业发展为例，对于个人发展影响较大的，直接相关的因素优先排列，次要因素则排在后面。

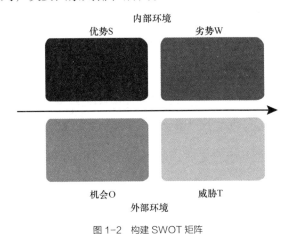

图 1-2　构建 SWOT 矩阵

第三步：行动计划。制订行动计划时就需要用到之前提到的 4 种组合策略，基本思路就是：

发挥优势因素→克服劣势因素→利用机会因素→化解威胁因素

【万能公式】

假设你今年大学毕业，学的是英语专业，由于市场变化，你并不打算从事英语专业方面的工作，反而希望从事人力资源方面的工作。

你的学习成绩很好，英语能力出色，从小学开始就担任班干部。不过性格冲动，之前只在一家公司实习过半年。请通过 SWOT 思维模型建立一个清晰的自我认知。

第一步：环境分析。

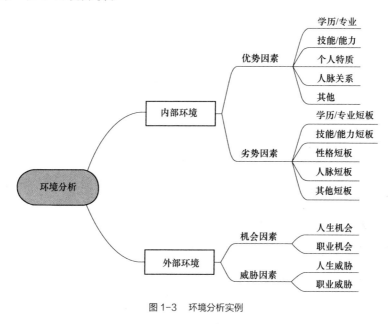

图 1-3　环境分析实例

1. 内部环境

先分析内部环境，列出优势因素和劣势因素。你可以从学历、技能、个人特质、人脉关系等方面完善，根据个人实际情况添加项目，可以利用思维导图呈现出来，一目了然。

罗列个人优势因素

与学历 / 专业相关：（列出大专以上学历，并在相应的□内打√）

大学专科□

大学本科□

硕士研究生□

博士研究生□

你的专业：

_____

与技能 / 能力相关：

你对什么事情最感兴趣？

你在哪些项目上投入的时间最多？

你做什么事情最专注？

你认为自己最擅长的是什么？

你从哪些事情上能够获得成就感？

你具备哪些技能？

你在哪些专业领域具备优势？

生活中，你最擅长使用什么工具？

工作中，你最擅长使用哪些办公软件？

生活中，哪些方面让你收获的赞美最多？

工作中，哪些方面让你收获的赞美最多？

……

与性格特质相关：

你觉得自己最大的优点是什么？

别人认为你具备哪些优点？

你认为自己具备怎样的性格优势？

你具备哪些积极的品质？

你具备哪些很好的习惯？

你具备哪些良好的素养？

……

与人脉关系相关：

你认为自己是一个受欢迎的人吗？如果是，原因是什么？

你是一个人际交往高手吗？

你与大学同学还经常联系吗？

你具备哪些行业的人脉资源？

你有哪些别人需要的资源？

你是否喜欢分享自己的资源？

你的社交圈限定在哪些范围？

……

列出自己的劣势因素

学历／专业短板：

你认为目前的学历还需要进一步提升吗？

你认为自己所学的专业好找工作吗？

你有换专业的想法吗？如果有，打算怎么做？

……

技能／能力短板：

你认为应对目前的工作，自己欠缺哪些技能？

你认为进一步升职加薪，自己需要补足哪些技能？

你认为自己最讨厌做哪些事？为什么？

你认为自己最不擅长做哪些工作或哪些事？

……

性格短板：

你认为自己的性格存在哪些缺陷？

你最讨厌自己的哪一点？

你的心理素质与抗压能力怎么样？

……

人脉短板：

你认为自己是一个受欢迎的人吗？如果不是，原因是什么？

你存在人际交往障碍吗？如果是，原因是什么？

你需要哪些行业的人脉资源？如何获取这些资源？

为了获取相关人脉资源，你目前欠缺哪些价值？

……

2. 外部环境

接下来分析外部环境，首先是机会因素，其次是威胁因素。在思考个人机会因素时，可以结合优势与劣势两方面进行考虑。

机会因素：

你目前所学的专业热度如何？在未来是否属于热门领域？

你目前所处的行业／领域在未来3~5年、5~10年发展潜力如何？

你的专业技能在目前市场上的竞争力如何？在未来3~5年、5~10年的竞争力如何？

目前国内国外的大环境，对你来说有哪些机会？

威胁因素：

你在目前的学习、工作中遇到了哪些具体的阻碍？

目前国内国外的大环境，对你有哪些不利因素？

哪些环境因素是你无力改变的？

你的学历、专业、技能在未来 3~5 年、5~10 年是否有过气的危险？

第二步：构建 SWOT 矩阵。将分析得出的各种因素按照紧急程度、影响力大小等分类。

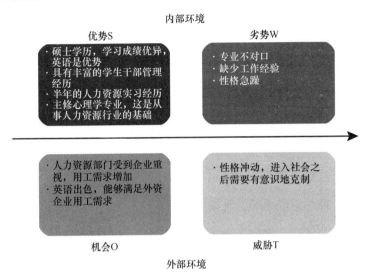

图 1-4　构建 SWOT 矩阵实例

第三步：行动计划。结合之前提到的 4 种组合策略，按照如下思路制订计划：发挥优势因素→克服劣势因素→利用机会因素→化解威胁因素。

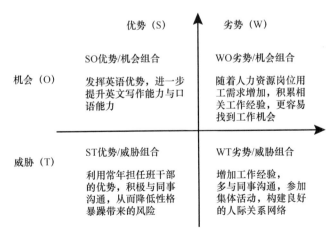

图 1-5　SWOT 分析矩阵

【自我训练】

请使用 SWOT 分析模型，盘点自己在就业市场上的优劣势，并据此归结出适合自己的职业策略。

六何分析法（5W1H）：解决一切问题的开始

把问题定义清楚了、描述清楚了，你就成功了一半。

——查尔斯·F. 凯特灵

六何分析法这个名字很多人并不熟悉，实际上它就是大名鼎鼎的 5W1H 分析法，是一种非常经典的思维模型。

所谓六何分析法，实际上就是何故（Why）、何人（Who）、何事（What）、何时（When）、何地（Where）、何法（How）。

图 1-6　5W1H 模型

5W1H 是一个非常宽泛的模型，大多数问题都可以用该模型描述，只有当问题被描述清晰之后，再去针对不同的领域套用万能公式，才能达到解决问题的目的。

爱因斯坦曾自述，如果他想解决一个问题，那么他会花 99% 的时间先搞清楚问题是什么，然后花 1% 的时间解决它——可见将问题定义并描述清楚，是一件多么重要的事。

当你遇到一个全新的问题，如何快速找到解决问题的思路？

当你接受一项全新的任务时，如何从零开始做计划？

当你与一个陌生人聊天时，如何找到切入点？

当你想出一本书，却对出版领域一窍不通时怎么办？

……

这些问题都可以通过 5W1H 思维模型解决，具体方法也很简单，想要解决这些问题，首先需要将它们描述清楚。我们以"如何出版一本书"为例。

当你想要出版一本书时，先用 5W1H 思维模型将问题描述清楚，自然就会找到相应的解决问题的方法。

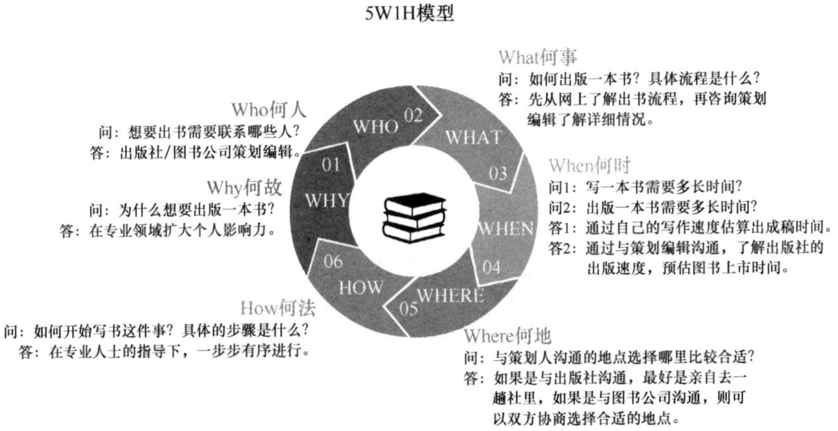

5W1H模型

What何事
问：如何出版一本书？具体流程是什么？
答：先从网上了解出书流程，再咨询策划编辑了解详细情况。

Who何人
问：想要出书需要联系哪些人？
答：出版社/图书公司策划编辑。

Why何故
问：为什么想要出版一本书？
答：在专业领域扩大个人影响力。

When何时
问1：写一本书需要多长时间？
问2：出版一本书需要多长时间？
答1：通过自己的写作速度估算出成稿时间。
答2：通过与策划编辑沟通，了解出版社的出版速度，预估图书上市时间。

How何法
问：如何开始写书这件事？具体的步骤是什么？
答：在专业人士的指导下，一步步有序进行。

Where何地
问：与策划人沟通的地点选择哪里比较合适？
答：如果是与出版社沟通，最好是亲自去一趟社里，如果是与图书公司沟通，则可以双方协商选择合适的地点。

图 1-7 通过 5W1H 模型解决问题

5W1H 思维模型实用技巧

1. 随手记录灵感，5W1H 模型的核心在于描述问题，随时随地记录灵感，会为之后解决问题提供更多思路。

2. 记录关键词，遵循简洁高效原则。

3. 借助思维导图，利用视觉思考激发想象力，从而想出更多更好的点子。

4. 二八法则，筛选出 20% 高价值内容，并以此作为解决问题的依据。

【万能公式】

5W1H 思维模型在具体应用的时候分为两个阶段，第一个阶段是描述问题，第二个阶段则用来解决问题，每一个阶段按照 5W1H 又分为 6 个步骤。为了更详细理解 5W1H 思维模型，也可以将其分解为 3 个阶段，比较适合初次使用该模型的新人，熟练掌握之后则可以简化为两个阶段。

接下来我们以"如何提升时间的使用效率"为主题进行讲解（3 个阶段）：

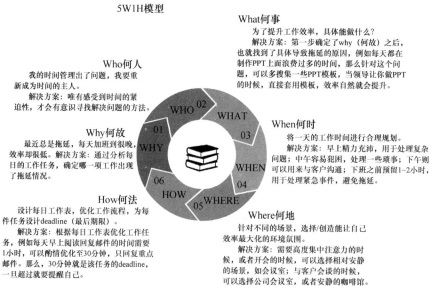

图 1-8 如何提升时间的使用效率

第一阶段：概括性描述问题，针对如何提升时间使用效率的主题，拆解为 6 个步骤。

第二阶段：有针对性地描述问题，结合自己的学习、工作、生活状况，进行具体描述。

第三阶段：解决问题，设计具体的解决方案。

【自我训练】

假设你在工作中存在拖延的习惯，请使用 5W1H 思维模型帮助自己提升效率。

第一步：通过 5W1H 模型概括性描述问题。

———————————————————————

第二步：通过 5W1H 模型有针对性地描述问题，结合自己的学习、工作、生活状况进行具体描述。

———————————————————————

第三步：解决问题，设计具体的解决方案。

———————————————————————

5 步分析模型：再难的问题，5 步搞定

5 步分析模型，源自麦肯锡 7 步分析法，麦肯锡公司根据以往经验总结得出一套针对陌生行业的市场分析方法，我们在此基础上提炼为更实用的 5 步分析模型，该模型可以用来解决一些第一次遇到的问题，以及比较复杂没有头绪的问题。

在面对陌生的、复杂的问题时，如果缺少相关经验就会无从下手，这时通过 5 步分析模型就能够快速厘清思路，找到解决问题的切入口。接下来，我们通过流程图予以展示。

图 1-9　流程图

第一步：清晰地陈述问题。

界定问题的边界。

罗列问题的具体信息。

让问题符合 SMART 原则。

第二步：分解问题，可以通过逻辑树的形式，让问题更清晰。

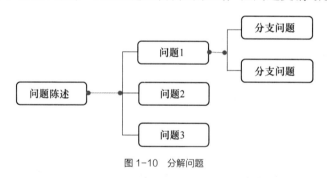

图 1-10　分解问题

为什么使用逻辑树？

将问题分为几个部分，逻辑性更清晰。

有助于项目小组清晰地了解问题的框架。

有助于按照轻重缓急原则区分问题。

有助于按照职责分派到不同的责任人。

第三步：问题排序，可以采用漏斗法，消除非关键问题。

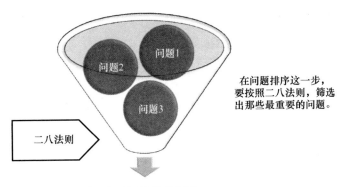

在问题排序这一步，
要按照二八法则，筛选
出那些最重要的问题。

二八法则

筛选出需优先解决的问题

图 1-11　筛选问题

第四步：制订详细的工作计划。

针对需要优先解决的问题，列出每一步的工作计划。

第五步：立即行动并及时复盘。

针对行动的每一步及时复盘，如表 1-1 所示：

表 1-1　行动复盘表

行动复盘		
问题		结果
第一步		
第二步		
第三步		

【万能公式】

接下来，我们以具体案例进行讲解：

"阿芬是一名一线销售人员，由于业绩突出，被公司提拔为销售主管，面对工作角色的变化，没有任何管理经验的阿芬有些茫然无措。周一，她需要给团队员工开会，主题是如何在下个季度提升 20% 的销售业绩。"

第一步：清晰地陈述问题。对于没有团队管理经验的阿芬来说，如何开团队会议是她面临的棘手问题，首先就需要将问题表述清楚。利用模板，一步步整理问题的思绪。

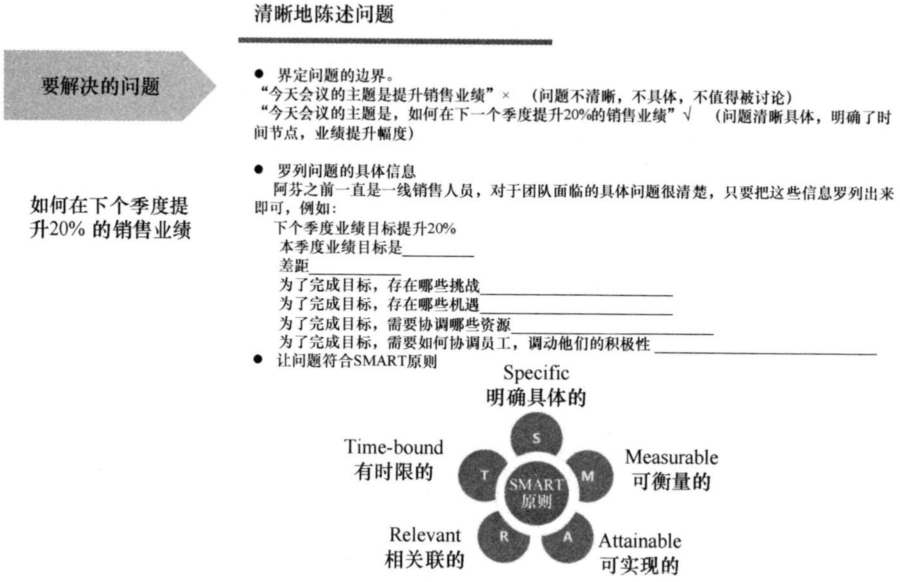

清晰地陈述问题
要解决的问题
如何在下个季度提升20% 的销售业绩
● 界定问题的边界。
"今天会议的主题是提升销售业绩"× （问题不清晰，不具体，不值得被讨论）
"今天会议的主题是，如何在下一个季度提升20%的销售业绩"√ （问题清晰具体，明确了时间节点，业绩提升幅度）
● 罗列问题的具体信息
阿芬之前一直是一线销售人员，对于团队面临的具体问题很清楚，只要把这些信息罗列出来即可，例如：
下个季度业绩目标提升20%
本季度业绩目标是________
差距________
为了完成目标，存在哪些挑战________
为了完成目标，存在哪些机遇________
为了完成目标，需要协调哪些资源________
为了完成目标，需要如何协调员工，调动他们的积极性________
● 让问题符合SMART原则
Specific
明确具体的
S
Measurable
可衡量的
M
Attainable
可实现的
A
Relevant
相关联的
R
Time-bound
有时限的
T
SMART
原则

图 1-12 陈述问题

第二步：分解问题。根据第一步较为清晰的问题陈述，将"下个季度提升 20% 的销售业绩"这个问题分解为若干个分支问题。

问题陈述
下个季度提升20%的销售业绩
当前业绩差距是100万元
挑战：下个季度是行业淡季
机遇：公司给予了政策优惠
联系老客户帮忙，表示自己刚刚升职，面临业绩压力
按照员工擅长领域重新分配客户

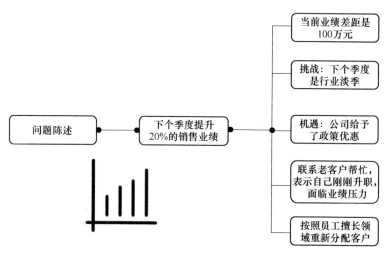

图 1-13 分解问题

第三步：问题排序。可以采用漏斗法，消除非关键问题。第二步分解问题之后，我们得出了 5 个问题，接下来只需要按照二八法则，筛选出关键问题，消除非关键问题即可。

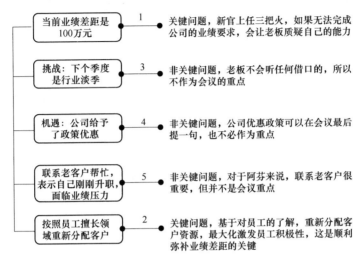

图 1-14　筛选问题

第四步：制订详细的工作计划。到了这一步，只需要解决两个问题了，所以针对这两个问题制订详细的工作计划。

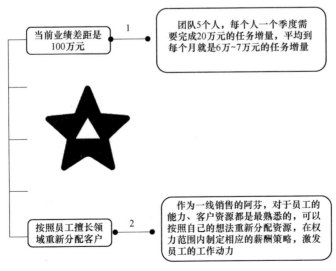

图 1-15　制订计划

第五步：计划制订好之后，就需要展开行动了，为了确保业绩完成率，一定要对每一步计划及时复盘。

表 1-2　行动复盘表

行动复盘		
问题：当前业绩差距 100 万元		结果
第一步	员工 A 季度业绩增量 20 万元	平均完成率 90%
第二步	员工每月业绩增量 6 万 ~7 万元	第一个月完成率 70% 第二个月完成率 85% 第三个月完成率 115%

【自我训练】

"假设你是一位新入职的销售人员，在工作中遇到了困难，迟迟不开单，你希望利用 5 步工作法厘清思路，帮助自己化解目前的困境。"利用本节所学到的模板，试着分析下面的问题。

第一步：清晰地陈述问题，你在工作中遇到了怎样的困难？

_____

第二步：针对遇到的问题，你打算分解为几步解决。

_____

第三步：筛选问题，保留关键问题，删除非关键问题。

_____

第四步：针对筛选出的关键问题制订详细的工作计划。

_____

第五步：展开具体行动并及时复盘。

_____

黄金思维圈：看透事物本质，就能解决 80% 的问题

甲和乙同时来到一家菜铺找工作，两个人成功通过了老板的面试并拿着同样的薪水。一段时间后，甲成功升职加薪，乙却原地踏步。乙想不通，于是找到老板表达不满。老板看了他一眼，并没有直接回答，而是对他说："你去集市上看看，有没有卖土豆的？"

一会儿，乙回来汇报："就一个卖土豆的商贩。"

"他有多少土豆？"老板又问。

"我没问，等会儿我去问一下。"

不一会儿，乙跑回来说："一共 40 袋土豆。"

"价格呢？"老板继续问。

"您倒是早说啊，刚才也没有让我打听价格啊。"乙觉得很委屈。

老板说道："你去把甲叫过来，问他同样的问题。"

乙找到甲，对他说："老板让你去集市上看看有没有卖土豆的。"

不一会儿，甲从集市上回来了，他汇报说："今天集市上只来了一个卖土豆的商贩，一共 40 袋土豆，价格是两毛五分钱一斤。他们家土豆的品质不错，价格适中，我带回来一个让您看看品质。我跟商贩说了，如果全部买下还能便宜。我计算了一下，按咱们店平时的销量，一周左右就能卖掉 40 袋土豆，稳赚不赔，所以我把商贩也叫来了，等您做决定。"

乙呆呆地站在旁边，从此不再提加薪的事。

很有意思的小故事，乙可能比甲笨一些，然而他与甲之间的差距并不是无法弥补的，他只是没有看清事物的本质，老板需要帮自己解决问题的人。很显然，乙只帮他解决了 10% 的问题，而甲帮他解决了 90% 的问题。在行动

之前，我们只需要更好地看清事物的本质，就能够让接下来的工作变得简单高效。

黄金思维圈是一种相对简单的思维模型，却非常实用，能够解决工作与生活中的大部分问题。现实生活中，很多人因为无法看清事物的本质，从而导致盲目行动，使自己处于低效平庸的境地。而黄金思维圈则可以帮助人们在开始行动之前，搞清楚事物的本质与做这件事的目的，从而找到正确的方向与方法。

黄金思维圈最早由营销专家西蒙·斯涅克提出，分为三个层次。

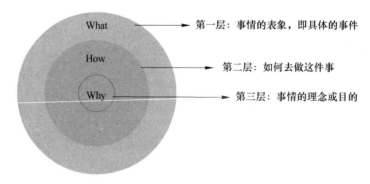

图 1-16　黄金思维圈模型

【万能公式】

对于黄金思维圈模型，90% 的人都可以完成第一层，这些都属于基础性工作，领导吩咐什么就去做什么。毕竟，如果这一步都无法完成的话，也就很难在职场立足了。到了第二层"如何去做"的层面，很多人就会被筛选出来，被淘汰的这类人往往不喜欢动脑筋，习惯从事最基础的工作。最优秀的人往往是善于完成第三层的人，他们能够分析出事情的目的，从而更有针对性地采取行动。

接下来我们分步骤进行讲解。举个例子，公司要做一次营销活动，要求员工去街上张贴海报，我们利用黄金思维圈模型具体分析。

在思考某一具体问题的时候，我习惯改变黄金思维圈的步骤，每个人可以根据自己的习惯设定。我的思考顺序：

第一步（What）：分析事情的表象。我需要先弄清楚是什么事，尽可能掌握相关信息。

第二步（Why）：为什么要做这件事。知道什么事之后，我习惯先分析做这件事的最终目的是什么，例如公司让贴海报这件事，归根结底的目的是为公司创收。这样一来，我就明白为什么要贴海报了，这样可以提高目标人群的关注度，为公司涨粉，从而更好地销售公司产品。

第三步（How）：弄清楚最终目的之后，再去想解决方法。如果只按第一步执行的话，可能领导让我往哪贴，我就简单执行就好了。但是了解到公司贴海报的目的是创收，那么我可能在贴海报的时候就会想：我们的目标群体是谁？如果是学生，就去校园贴；如果是家庭主妇，可以跑到住宅楼贴；如果是职场人士，就跑到写字楼贴。

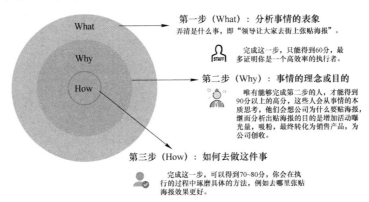

图 1-17　利用黄金思维圈模型分析问题

按照上述步骤想问题，大多数并不复杂的问题都会得到解决，至少会给你带来解决问题的思路。

【自我训练】

利用黄金思维圈模型分析你最近遇到的一个问题：

第一步（What）：_____

第二步（Why）：_____

第三步（How）：_____

如果你想不出具体的问题，可以通过下面的场景进行训练：

"假设一位外国友人初次来中国，之前完全没有接触过移动支付，你需要怎么给他介绍微信支付？"

第一步（What）：_____

第二步（Why）：_____

第三步（How）：_____

花半秒钟就看透事物本质的人，和花一辈子都看不清事物本质的人，注定是截然不同的命运。——经典影片《教父》台词

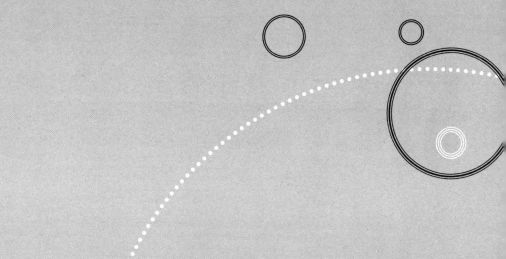

第 2 章

决策模型：
如何做出正确决策

KT 决策模型：久负盛名的顶级决策法

KT 决策模型在全世界管理圈久负盛名，它是由美国兰德公司的凯普纳（Charles H. Kepner）和特雷高（Benjamin B. Tregoe）二人共同研究发明的。

KT 决策模型一共分为四个步骤，分别是分析问题、评估现状、制订方案、分析潜在问题。

【万能公式】

北京市海淀区一家科技公司受到疫情影响，经营业绩大幅下滑，为了维持公司的正常运转，老板决定降低房租成本，将办公地点搬至偏远的郊区。结果，消息公布之后，30% 的员工提出了离职，还有很多员工处于观望状态，根据 HR 的估算，至少有一半的员工可能离职。

如果你是老板，如何通过 KT 决策模型解决这一棘手的问题。

第一步：分析问题，是为了找出问题发生的真实原因。

问题：公司为了降低成本，选择将办公地点迁至偏远郊区，导致员工纷纷提出辞职。

员工离职原因分析：

交通不便是主要原因，公司大部分员工都在海淀区居住。

家人反对，由于通勤时间变长，生活成本增加，更主要的是不利于照顾孩子。

一部分人是借机离职（还有人借机要求涨工资）。

受公司经营不善、即将倒闭的负面谣言影响。

第二步：评估现状，从而更好地确定待处理事项的优先顺序。

老板让 HR 逐一约谈有离职打算的员工，对公司现状做出评估，确定优先处理事项：

公司经营不善、即将倒闭的谣言最为严重，应列为优先处理事项。很多员工担心公司发不出工资，谣言愈演愈烈，有进一步扩散的风险。

交通不便是确实存在的问题，如果无法解决将会导致很多人离职。

借机跳槽与要求涨薪的人不多，可以逐一解决。

第三步：制订方案。想要解决问题，必须准备切实可行的方案。

设定目标：方案要达成怎样的目标。

具体方法：设计解决问题的具体方法。

备选方案：设计多套备选方案，优中选优。

预防风险：预测所选方案的风险并进一步改善方案，当不能防止重大风险时，应重新设计方案。

针对公司经营不善的谣言，立即出面澄清，并进一步描绘公司未来发展方向，切忌给员工画饼。

针对交通不便的问题，除提供交通津贴之外，开通班车服务。

针对个别员工跳槽与涨薪的问题，由 HR 逐一约谈，根据情况具体对待。

第四步：分析潜在问题。这一步的目的是找到"后遗症"，彻底阻断未来可能出现的问题。

谣言澄清之后不会遗留后遗症。

关于交通不便的问题，未来会让公司增加开支。

针对个别员工跳槽与要求涨薪的问题，属于正常的人员流动和薪酬调整，不用过度关注。

基于以上四步的分析，就可以快速做出决策了。最终，该公司老板决定亲自澄清谣言，并开通班车服务。对于乘坐私家车上班的员工，给予一定的交通补贴。虽然公司运营成本增加，但是大部分员工选择与公司搬迁至新的办公场所，员工流失率只有 10%。

【自我训练】

假设你对目前的工作不满意，你认为自己所从事的行业属于夕阳行业，想要跳槽至互联网企业，但是又存在种种担忧，试着通过 KT 模型做出判断。

第一步：你目前遇到的具体问题是什么？

_____

第二步：你目前的工作状况怎么样？

_____

第三步：为了改变现状，你准备了哪些具体的方案？

_____

第四步：如果真的换一个行业，未来会遇到哪些遗留问题？

_____

利弊分析模型："最好最坏清单"助你轻松决策

这是一个非常简单的思维模型，当你面对诸多选择无法做出判断时，只需要列出一张清单，将利弊列出来。最好的结果是什么，最坏的结果是什么，一目了然，这样就能够更轻松地做出判断了。

该模型比较适合解决相对没有那么复杂，各选项的情形比较接近的问题。首先从利弊考虑问题，其次判断出最好最坏的情况。比如你想换工作，目前有两个差不多的 offer，列出各自的优缺点就能够做出大致判断了，然而最重要的一步则是考虑最坏的情况，如果发现自己无法承受，那么即便该选项优点再多也应该放弃。

接下来，我们通过一张"最好最坏清单"进行具体分析。如表 2-1 所示：

表 2-1　最好最坏清单

选项 A		选项 B	
优点	缺点	优点	缺点
最好的情况：		最好的情况：	
最坏的情况：		最坏的情况：	

· 如上表所示，列出你无法做出判断的选项：选项 A 与选项 B

· 分别列出各选项的优缺点

· 分别预计各选项最好的情况与最坏的情况

【万能公式】

接下来，我们通过具体案例来讲解。假设你是一个"北漂"，刚刚大学毕业来到北京找工作，现在有两个 offer 摆在你面前，你拿不定主意，于是决定通过最好最坏清单帮助自己做出决定。

第一步：列出令你犹豫不决的选项。

第二步：列出选项的优缺点，进行第一轮比较。至少写出 3 条内容，信息越全面越有助于做出准确判断。

第三步：列出最好与最坏的情况。也就是说，如果你选择了创业公司，最好的结果是什么，最坏的结果又是什么。同理，如果选择了大型企业，情况又会是怎样。鉴于个人经验有限，所以最好从多方了解信息，例如通过网络、咨询专业人士、从熟人处打听。

创业公司的产品运营岗　　　　　　　　某大型企业的产品运营岗

图 2-1　列出犹豫不决的选项

表 2-2　最好最坏清单

选项 A：创业公司的产品运营岗		选项 B：某大型企业的产品运营岗	
优点	缺点	优点	缺点
工资高 8000	压力大，工作时间长	工作轻松稳定	工资低 5000
成长速度快	接触的资源有限	福利好	晋升速度慢
扁平化管理，氛围简单	不稳定	资源丰富	人际关系复杂
最好的情况：几年内快速晋升为运营总监		最好的情况：混成一个小领导	
最坏的情况：公司倒闭，没有经济来源，无法支付房租		最坏的情况：人际关系不好，与同事钩心斗角	

到这一步才能做出准确的判断，第二步之后，首选创业公司，然而第三步分析完之后，才发现风险与机会都很大。这就要看个人性格了，如果你有强烈的上进心，不成功便成仁，那么首选 A，去创业公司闯一闯。

然而，稍微有一点理性的人，可能不会做出这样激进的选择。毕竟刚来北京，如果公司倒闭没有了经济来源，就可能面临流落街头的境地。除非家里能帮助你，否则很可能就要回老家了。有人说，再找工作呗，作为一名毕业生，在没有几年工作经验的前提下，找工作可能并没有那么容易，如果一连几个月找不到工作怎么办？

在预计最好与最坏的情况时，要尽可能收集更多的信息，这样才能确保看得更远更准确，从而更好地做出判断。

【自我训练】

回忆最近一次让你难以做出决策的问题（二选一的情况），通过利弊分析模型进行验证，评估该模型是否准确。

表 2-3　最好最坏清单

选项 A		选项 B	
优点	缺点	优点	缺点
最好的情况：		最好的情况：	
最坏的情况：		最坏的情况：	

深谋远虑的 10-10-10 模型：如何轻松看到更远的未来

10-10-10 思维模型是一种决策模型，也被称为 10-10-10 法则，由苏西·韦尔奇提出，她是美国知名的新闻工作者，然而对于中国读者来说，显然她的丈夫更加出名，那就是号称"全球第一 CEO"的杰克·韦尔奇。没错，就是那个美国传奇商界领袖、通用电气前 CEO 韦尔奇。

苏西·韦尔奇是一名商业记者，曾担任《哈佛商业评论》的编辑，让我们看看她是怎么描述 10-10-10 模型的：

"在我二十几岁时，我一直努力地探索怎样同时当好成功的职业妇女和快乐的家庭主妇。经过十几年的生活历练，我真的找到一种解决困境的方法，我把它称为'10-10-10 法则'。每当我发现自己处于两难困境时，就会问自己 3 个问题：这个决定在 10 分钟后会带来什么结果？在 10 个月后呢？在 10 年后又会怎么样？问题的答案通常会告诉我做出最理性决定的依据。"

该法则也确实帮助苏西解决了很多问题，苏西第一次运用该法则是在一个普通的工作日。她答应孩子们回家吃晚饭，结果临时需要加班，她开始犹豫不定，无法做出决策。如果回家照看孩子，肯定会给自己造成不利影响，因为她正在为晋升做准备；如果不回家，临时保姆已经急疯了，两个孩子在打架，另一个在生闷气。

这时，苏西第一次使用了 10-10-10 法则，分别从工作与家庭两个角度进行思考。

通过 10-10-10 法则的思考，苏西得出了加班的结论，最终她也如愿得到了老板的嘉奖，而家里的怨言也如预期一样很快就没有了。

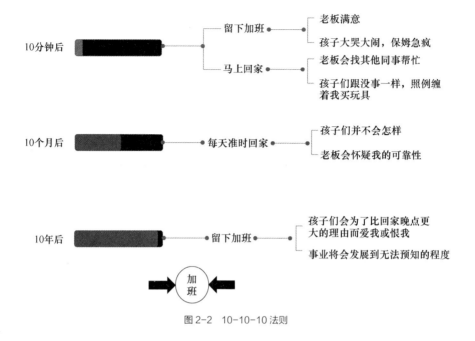

图 2-2　10-10-10 法则

【万能公式】

10-10-10 模型使用起来比较灵活，根据每个人的实际情况可以进行适当调整，一般来说，如果你看不到更远的未来（毕竟，很多人并不具备"远见"这项能力），可以改为 10-10-5 模型，接下来我们就按这个模型进行讲解，如何在工作与生活中做出精准决策。

主题：假设你不喜欢现在的工作，你应该如何做出正确的决策？

第一步：设想 10 分钟之后会发生什么？

这是一种瞬时预测能力，这一步很简单，大多数人都能做到，而且精准度很高。

如果你不喜欢自己的工作，分分钟都会很痛苦，如果刚好需要你接手一件复杂的任务，假如你是物业服务人员，遇到一个难缠的客户，你的脑海中可能会出现如下选择。

图 2-3　10 分钟之后

不同的选择，导致不同的心情与结果，而 10 分钟之后将会发生什么，你完全能够预计出来。

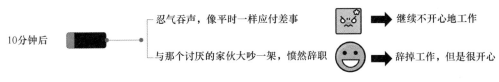

图 2-4　10 分钟之后

如果选择像以往一样忍气吞声，10 分钟之后你的心情会很糟糕，继续不开心的工作状态；如果选择"释放自己"，10 分钟之后你会感觉很爽。如果现在做出选择，似乎答案很明显。

第二步：10 个月之后会发生什么？

10 个月的时间不长不短，这里也可以根据自己的实际情况调整，比如 3 个月之后，5 个月之后……这是一种短期预测能力，继续围绕主题分析。

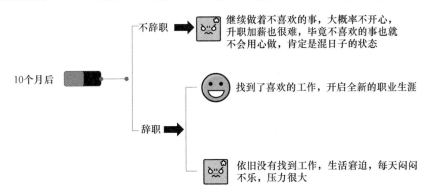

图 2-5　10 个月之后

10 个月之后，如果不辞职，依旧处于不开心的状态；如果辞职，又顺利找到了喜欢的工作，那么一切问题就都解决了，可以轻松做出决定。然而如果没有找到工作，就会面临很大的压力。这种情况下，还需要结合自身情况进一步分析。

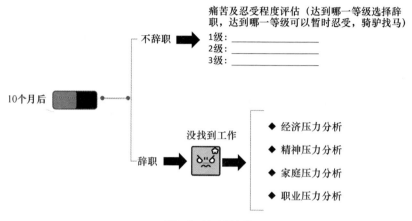

图 2-6　10 个月之后

如果 10 个月之后还没有辞职，那么可以评估一下自己的痛苦及忍受程度，按照上图 1 级（轻度）、2 级（重度）、3 级（重度）的标准自行填写。之后更容易做出决定，我的建议是，如果不到 3 级，不要轻易裸辞，可以骑驴找马。除非是上班的每一分钟对你来说都是煎熬，那么再考虑裸辞休整一段时间。

如果 10 个月之后还没有找到工作，你会面临诸多压力，之前裸辞时云淡风轻般的爽快心情一点儿都没有了，来自现实的压力则是必须考虑进来的。

为什么选择 10-10-10 这个模型，就是因为我当年走过同样的弯路，如果当时知道这个模型，就可以轻松避免当年的窘境。

我那会儿刚毕业，什么都不懂，随心所欲。我学的是财务管理专业，毕业之后做了一年出纳，结果发现这一行太枯燥，于是在忍了一年之后辞职了。刚辞职那会儿简直太爽了，然而随着时间的推移，发现找工作并不容易。只有一年财务经验的我，还想着转行，于是海投简历，结果也没有得到几个机会。

当各方面的压力袭面而来时，我很后悔，我知道自己做出了一个非常错误的决策。所以说 10-10-10 这个思维模型是非常有用的，能帮助我们展望未来，想得更远。

第三步：10 年之后会发生什么？

坦率地说，我现在也没有这样的预测能力，看不到那么远，所以我更倾向于预计 5 年之后的场景，也就是改为 10-10-5 模型，继续分析我们的主题。

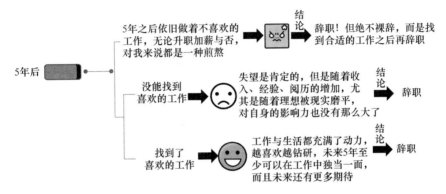

图 2-7　5 年之后

如果时光倒流，回到当年裸辞的场景，我是因为与领导的矛盾而愤然辞职，这看似是压垮我的最后一根稻草，实际上只是导火索而已。

所以，如果 5 年之后依旧做着不喜欢的工作，我会感觉时间被浪费了，人生很短，我不希望浪费在没有兴趣的事情上，即便能赚很多钱。结论是：我会辞职，但绝不能裸辞，那段失业的经历太痛苦了。

如果当时选择辞职，5 年之后没能找到喜欢的工作，我大概率已经向现实低头，所以还是会选择辞职这条路。

最好的结果是，我选择了辞职，并且找到了喜欢的工作，那么 5 年之后我的人生就会完全不同，因为之前的经历与境遇，我一定会比其他人更加珍惜，更加努力，而对于喜欢的工作也会更有兴趣钻研，那么大概率会做得很好，如果无法成为专家，至少能够在工作中独当一面。这样看来，辞职是合理的选择。

至此，结果出来了。

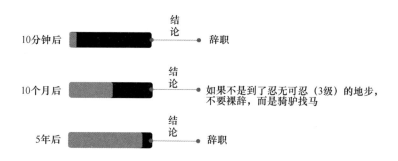

图 2-8   10-10-5 模型

通过 10-10-5 模型的分析，关于辞职的结论已经达成了一致，而最合理的方式则是骑驴找马，千万不能裸辞。

【自我训练】

在此次训练中，我们将利用 10-10-10 模型解决一个很常见的问题——拖延！由于受到畏难情绪的影响，人们总是习惯性拖延，而你一直饱受拖延的痛苦，于是希望彻底分析一下自身的问题。然而自我分析这件事对你来说有点困难，所以迟迟没有开始。

接下来，你需要利用 10-10-10 模型解决掉这个问题。此时，你的内心正在进行激烈的斗争：

真实的自己：自我分析太难了，先放一放吧。

10 分钟之后对你造成的影响：_____

清醒的自己：10 分钟之后我可能还是不会动笔。

10 个月之后对你造成的影响：＿＿＿＿＿＿＿＿＿＿＿＿＿＿＿＿

清醒的自己：拖延问题如果没有得到改变，我可能会丢掉一个大客户。

10 年之后对你造成的影响：＿＿＿＿＿＿＿＿＿＿＿＿＿＿＿＿＿

清醒的自己：这么久都没有改掉拖延症，我的人生可能会陷入被动的局面，那是我无法接受的。

那么，列出你的行动计划吧：

＿＿＿＿＿＿＿＿＿＿＿＿＿＿＿＿＿＿＿＿＿＿＿＿＿＿＿＿＿＿

＿＿＿＿＿＿＿＿＿＿＿＿＿＿＿＿＿＿＿＿＿＿＿＿＿＿＿＿＿＿

＿＿＿＿＿＿＿＿＿＿＿＿＿＿＿＿＿＿＿＿＿＿＿＿＿＿＿＿＿＿

双目标清单模型：将时间聚焦于最重要的事情

双目标清单模型是由巴菲特先生提出的，当一个人面临多个目标时，通过该模型可以迅速抓住关键目标，从而集中精力向重点推进。

麦克·弗林特是巴菲特的私人飞行员，他还曾经担任过四任美国总统的飞行员。有一次，他与巴菲特探讨自己的职业规划，想要在事业上更进一步。巴菲特让他写出职业规划中最重要的 25 个目标，当麦克·弗林特完成这张清单之后，巴菲特让他再列出一张清单，而这次只保留 5 个目标。于是，麦克·弗林特想了很久，从 25 个目标中，选出了他认为最重要的 5 个目标。

"现在，你知道该怎么做了吗？"巴菲特问道。

"我明白了，我先去完成最重要的 5 个目标，剩下 20 个目标并没有那么紧要，我可以在闲暇时间完成它们。"麦克·弗林特回答。

"不，你搞错了，另一张列满 20 个目标的清单，是你应该尽可能避免的事，不要花任何时间与精力在它们上面。"巴菲特说道。

这个小故事很好地解释了双目标清单模型，其实这是一个非常简单的道理，然而很多人却忽视了。毕竟，另外 20 个目标也是自己感兴趣的，自然会花一定时间在上面，然而每个人的精力有限，当你花费时间精力在次要目标上面时，主要目标就会受到影响。

巴菲特的双目标清单模型一共分为 3 个步骤：

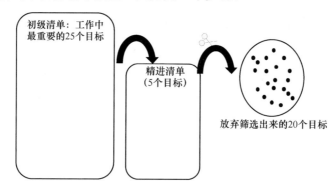

图 2-9　双目标清单模型

第一步：列出初级清单，写出工作中最重要的 25 个目标。

第二步：筛选精进清单。从这些目标中选出 5 个最重要的，并立即着手去做。

第三步：学会克制，尽最大努力不去触碰剩下的 20 个目标。

在接下来的万能公式中，我将双目标清单模型进行了微调，把最重要的 25 件事改为了 10 件事，精进清单则改为 3 件事，毕竟很多人可能并没有那么多目标，缩减目标选项能够更好地帮助他们思考。

注意事项：

双目标清单模型的具体数量根据个人实际情况设定。

该模型也不仅限于工作领域，人生中的很多决定，都可以通过双目标清单模型做出判断。

第一步：写出生活或工作中最重要的 10 个目标。

第二步：从上述 10 个目标中，筛选出最渴望实现的 3 个目标。筛选出的目标数量，每个人可以根据自己的实际情况，结合时间、精力、能力、渴望度、完成概率等诸多因素筛选出适合自己的目标数量。

第三步：不去触碰被你筛选掉的剩余目标。很多人认为这一步很简单，实际上这些被你筛选出来的剩余目标，也是你比较感兴趣或者想要完成的事情，你需要有效转移注意力，当你在闲暇的时候肯定会继续某些目标，这时必须通过自我调整，将注意力转移到精进清单上面。

【万能公式】

接下来以我的个人经历举例。

第一步：列出初级目标清单。

图 2-10　列出初级目标清单

由于我并没有那么多目标，或者说一时半会儿想不出太多目标，我就列出了 5 个我认为比较重要的目标作为初级清单。

第二步：筛选精进清单。在综合考量了所有因素之后，我认为只有帮助父亲渡过难关是最重要的。写这本书的时候，父亲得了一场重病，手术很顺利，几家医院的医生都说捡了一条命。然而，之前照片子还发现了疑似恶性肿瘤，换了两家医院医生都看不准，需要做活检才能确定。可是父亲的身体状况并不允许，只能先养好身体才能再进一步检查。

当经历过一些重大变故之后，才觉得之前的很多目标，很多想法其实并不重要，比如之前很多目标都是从职业发展角度考虑的，说白了就是希望多赚一些钱。如今对我来说，陪伴在家人身边才是现阶段最重要的一件事。

图2-11　筛选目标

第三步：不去触碰被你筛选掉的剩余目标。初级清单，也就是那些被你筛选掉的目标，大多数也都是你感兴趣的，或者说很重要的目标。例如买一栋离父母近一些的房子。我父母家住在北京四环附近，我的房子距离父母家比较远。我想在父母家附近买一套房，各方面都会方便一些。然而几百万的房子并不是说买就买的，这个目标实现起来有一些难度，而且时间跨度很长，牵扯巨大的精力。如果我将这个目标放在精进清单中，那么可能满脑子都是怎么赚钱，每月还多少贷款了。这时就需要考虑清楚，做出权衡。毕竟，每个人的能力、时间、精力等都是有限的，不可能同时处理过多目标。

那么，该如何不去触碰那些对你来说也很重要的目标呢？我会使用"以终为始比较法"，也就是从最终目的出发考虑问题，将初级清单中的目标与精进清单中的目标相互比较。

表 2-4　清单比较表

以终为始比较法			
初级清单	最终目的	精进清单	最终目的
买一栋离父母近一点儿的房子	照顾父母	帮助父亲渡过难关	照顾父母

通过简单的比较发现，两个目标的最终目的都是更好地照顾父母，那么自然要以精进清单中的目标为主。

如果两个清单中的目标相互比较之后，最终目的不同，见下表。

表 2-5　清单比较表

以终为始比较法			
初级清单	最终目的	精进清单	最终目的
实现环游中国的梦想	人生体验	帮助父亲渡过难关	照顾父母

这时就要综合考虑，加入更多因素，见表 2-6。

表 2-6　清单比较表

以终为始比较法							
初级清单	最终目的	重要性	紧迫性	精进清单	最终目的	重要性	紧迫性
实现环游中国的梦想	人生体验	90%	20%	帮助父亲渡过难关	照顾父母	100%	100%

如上表所示，环游中国的梦想对我来说非常重要，然而现阶段并不是最紧迫的任务，我还年轻，有的是时间，这个目标可以再等等；而照顾父母对我来说，无论从重要性还是紧迫性来说，都是首要的事，从而以此做出

判断。

对于双目标清单模型一定要灵活运用，它的最终目的很简单，就是帮助我们找到人生中最重要的目标，然后聚焦于此，这样才能在时间、精力有限的情况下做到最好。

【自我训练】

针对生活／工作方面的目标，利用双目标清单模型进行分析：

第一步：列出初级清单，写出工作中最重要的____个目标。

_____

第二步：筛选精进清单，列出____个最重要的精进目标。

_____

第三步：不去触碰被你筛选掉的剩余目标（如果犹豫不定，利用以终为始比较法做出判断）。

_____

是非原则模型：面对问题时的快速决策工具

无论是生活还是工作中，很多问题都是需要快速做出决策的，一旦犹豫不决就会导致更大的损失。很多复杂问题需要权衡利弊，然而却没有足够的时间，这时候就需要利用是非原则模型，快速做出决策。

是非原则模型很简单，只有两条原则：

第一，提 3 个与自身利益息息相关的问题。因为关系到自己的切实利益，更容易调动意志力资源，从而加快思考速度。试想一下，如果是"世界气候变暖"这样的问题，虽然很重要，事关人类发展，但短时间内似乎跟自己的关系不大，并不会促使你快速思考。如果是"为了应对气候变暖，将要对个人征收肉类税"，相信你的反应速度一定会变快。

第二，3 个问题中，只要有一个否定答案，该抉择即被视为不可行。

虽然是快速决策，但是每一个问题之后，一定要有支撑决策的原因。

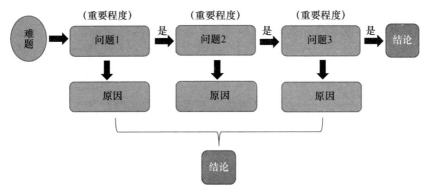

图 2-12　是非原则模型

【万能模板】

假设你目前想要跳槽，却担心大环境不好，因此犹豫不决，影响了平时的正常工作。对此，我们利用是非原则模型帮助你快速决策。

第一步，针对是否跳槽问题，提出 3 个与自身息息相关的问题。3 个问题，按照重要程度排列，也就是说先列出最关心的问题。

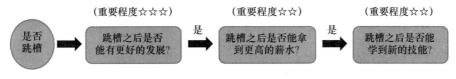

图 2-13　提出 3 个问题

第二步，写出每一个问题背后的原因。3 个问题中，只要出现一个否定答案，该决策既被否定，不用再考虑其他问题，从而实现快速决策。

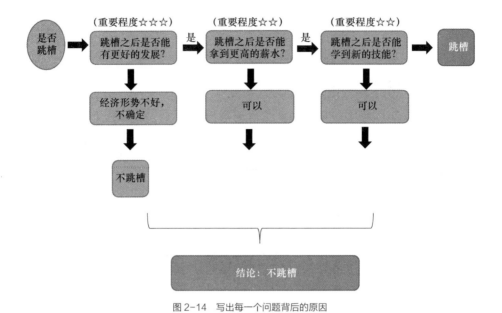

图2-14 写出每一个问题背后的原因

【自我训练】

针对你目前遇到的难题，使用是非原则模型快速决策。

第一步：你目前遇到的难题是_____

第二步：提出3个紧密相关的问题。

问题1：_____

问题2：_____

问题3：_____

第三步：写出每一个问题背后的原因。

原因1：_____

原因2：_____

原因3：_____

第四步：做出判断。

自我反馈模型：知道自己擅长什么，不擅长什么

知道自己的长处在哪里，对个人来说是最重要的事情。——彼得·德鲁克

自我反馈模型，也被称为反馈分析法，是由一位德国神学家发明的，之后经管理学大师彼得·德鲁克提出而闻名世界，这也是德鲁克沿用了 50 多年的方法。不断发现自身的优劣势，从而更好地做出决策，成功避开劣势，而将时间与精力集中在优势领域。

自我反馈模型很简单，当你即将做出一个重大决策时，在准备阶段写下你的预期，一年之后进行复盘，将预期结果与实际结果进行对比。交集越大，说明你对自己的评估越准确。

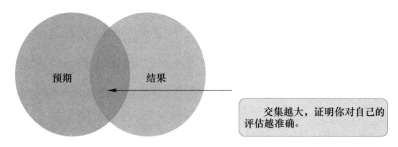

图 2-15　自我反馈模型

一年之后进行复盘时，如果达到或超过预期结果，说明这件事很可能处于你的优势领域，你可以因此做出决策，投入更多的时间与精力；反之，这件事可能处于你的劣势领域，你需要具体分析，从而判断是否继续跟进，如果是，要如何避开自己的劣势。

【万能公式】

假设你是一位销售精英，出版社邀请你写一本有关销售技巧的图书，你非常兴奋，心中一直有出书的想法，因此定下目标，争取在一年之后出版一本自己的作品。

第一步：列出心理预期。

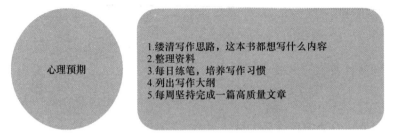

图2-16　心理预期

第二步：一年之后复盘，与实际结果进行对比。

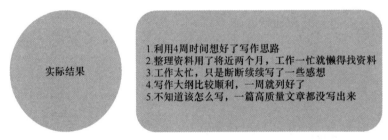

图2-17　实际结果

第三步：确定交集。

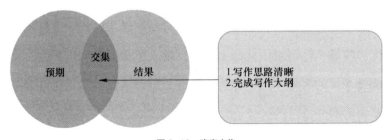

图2-18　确定交集

很明显，关于写作这件事，这位销售精英一点儿都不擅长，他的优势在于思路清晰，擅长从大局思考问题。

第四步：自我分析。

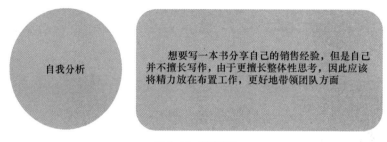

图 2-19　自我分析

第五步：做出判断。

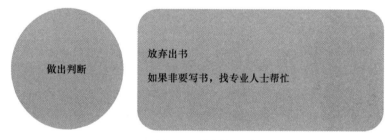

图 2-20　做出判断

果断放弃写书是比较明智的选择，否则将会在自己不擅长的领域备受折磨。然而，如果坚持想要完成出书这件事，就需要评估并避开自己的劣势。

很明显，他并不擅长写作，但是对于全书想写什么思路很清楚，而且已经做出了写作大纲，他只需要找到相应的资料，然后委托专业的图书写手、策划人帮助自己完成书稿即可。

【自我训练】

你觉得自己太胖了，于是立下了减肥的目标，通过自我反馈模型进行评估练习。

第一步：列出心理预期，你打算减掉多少斤？

第二步：一年之后复盘，实际结果是：

第三步：确定交集。

第四步：自我分析。

第五步：对于减肥这件事，做出自己的判断。

购物决策 5 步模型：如何摆脱购物纠结症

很多人在购物的时候都会犹豫不决，尤其是那些存在选择困难症的人，不仅是购物的时候，任何需要做选择的时候，他们似乎都无能为力。因此，他们总是在选择上耗费太多精力，从而没有时间和精力处理重要的事。

今天介绍的这个购物决策模型，能够帮助大家在买东西时快速做出判断，既能买到自己心仪的产品，又可以避免消耗过多的精力。该模型一共分为 5 步。

第一步：最少必要决策。

第二步：有策略地调查。

第三步：降低期望值。

第四步：消除后顾之忧。

第五步：让专业人士做决定。

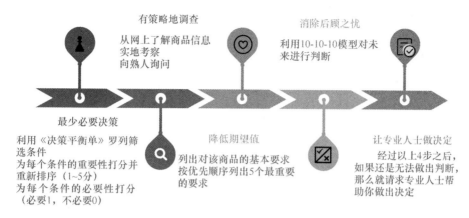

图 2-21　购物决策 5 步模型

【万能公式】

我们还是以实例讲解，假设你最近准备换一辆新车，但是选来选去一直犹豫不决，请利用购物决策 5 步模型进行分析。

第一步：做选择时去掉不必要条件，从而满足最少必要决策的原则。这里需要用到一张《决策平衡单》，见表 2-7。

表 2-7　决策平衡单

考虑因素	重要程度（1-5 分）	重要程度重新排序	必要程度（必要 1，不必要 0）
品牌	3	价格	1
车型	2	油耗	1
油耗	4	品牌	0
外观	1	车型	0
价格	5	外观	0

· 你想购买一辆什么车，列出 5 个考虑因素（也可以列出多个因素）。

· 为每个条件的重要性打分并重新排序（1~5 分）。

· 对重新排序之后的项目，做出必要与非必要的判断。

针对第一步进行初步筛选之后，就可以得出必要项目，即：价格与油耗。

第二步：针对筛选出来的必要项目（价格与油耗）进行有策略性的调查。

调查结果见表 2-8。

· 从网上查找相关信息。这也是比较容易的方式，各大汽车论坛都能找到信息。

· 进行实地考察。可以去几家 4S 店问一下价格，看看谁家优惠力度更大。

· 向熟人询问从而得到更准确真实的信息。关于油耗问题，可以找熟人问问，数据更真实。

表 2-8　调查表

商品	价格（万元）	平均油耗（升）
本田 CR-V	18	7.3
本田皓影	18	7.6
大众探歌	17	7.65

第三步：降低对该商品的期望值。不要总想着买到 100% 满意的完美产品，即便是购入一辆价值不菲的轿车，也不要幻想所有方面都能令你满意，只需要满足基本的心理预期即可。

· 列出对该商品的基本要求。针对第二步的调查，假设最终入选的一共有 3 辆车，围绕这 3 辆车列出你的基本要求，从而进行更细致的判断，见表 2-9。

表 2-9　基本要求表

基本要求	选择标准
颜色	黑色
外观	酷炫
排量	2.0L
空间	较大
安全性	安全性相关配置越多越好
舒适性	自动空调、定速巡航、自动泊车等

·按照优先顺序选出 5 个最重要的要求。具体数量可以根据实际情况而定，然后重新排序，见表 2-10，一共选出两个最重要的要求。

表 2-10　基本要求表

基本要求	选择标准
安全性	安全性相关配置越多越好
空间	较大

经过前三步的筛选，假设得出如下结论，如表 2-11 所示：

表 2-11　调查结论表

商品	价格（万元）	平均油耗（升）	安全性	舒适性
本田 CR-V	18	7.3	√	√
本田皓影	18	7.6	√	√

第四步：消除后顾之忧。哈佛大学的心理学教授丹尼尔·吉尔伯特认为，人们在做决定的时候，总是希望该决定的影响力可以持续下去。然而现实却总是背道而驰。那么在购买商品的时候，就可以利用之前讲过的 10-10-10 模型。

例如在买车这件事上，利用 10-10-10 模型进行分析。如图 2-22 所示。

10 分钟之后会有怎样的影响呢？

无论是 10 分钟之后，还是 10 天之后，短时间内除了喜悦，并不会有其他感受。

10 个月之后会有怎样的影响呢？

汽车开了 10 个月之后，应该不会有质量问题，不过汽车会不会降价呢？从这方面考虑，皓影是新车，降价幅度相对较大。

10 年之后会有怎样的影响呢？

10 年之后，恐怕最重要的就是发动机的问题了，而本田汽车的发动机是很有名的，所以质量应该有保障。

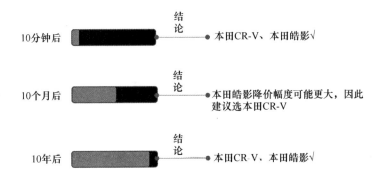

10分钟后 ——— 结论 ● 本田CR-V、本田皓影√

10个月后 ——— 结论 ● 本田皓影降价幅度可能更大，因此
建议选本田CR-V

10年后 ——— 结论 ● 本田CR-V、本田皓影√

图 2-22　10-10-10 模型

到这一步，已经可以做出最终决定了，那就是选择本田 CR-V。如果这时还无法做出决策，建议直接找专业人士帮助你判断。

第五步：让专业人士做决定。伦敦商学院的西蒙纳·博帝通过实验发现，人们在做决定的时候总是担心没有做出最好的选择。那么，如果经过之前几步的筛选，当你还剩下两个选项，却怎么也无法做出抉择的时候，最好还是相信专业人士，让他们帮助你做判断。

【自我训练】

针对自己最近想买的一件商品，通过购物决策 5 步模型进行分析，看看效果如何？

第一步：你想买的商品是：_____

第二步：填写《决策平衡单》。

表 2-12　决策平衡单

考虑因素	重要程度（1-5 分）	重要程度重新排序	必要程度 （必要 1，不必要 0）

第三步：填写对该商品的基本要求。

表 2-13　基本要求表

基本要求	选择标准

第四步：利用 10–10–10 模型消除后顾之忧。

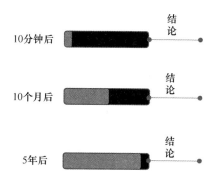

图 2-23　10-10-10 模型

第五步：如果还是无法做出决策，你准备寻求哪一位专业人士的帮助？

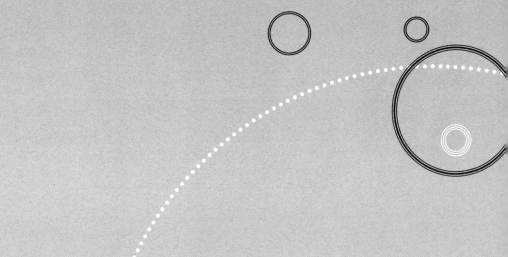

第 3 章

目标达成：
只有能实现的计划才有意义

6D 模型：实现个人目标的完整路径

6D 模型由 HALL（霍尔）提出，在质量管理与个人管理方面都能起到关键作用。本节我们运用 6D 模型构建个人目标从预想到实现的一个完整路径，有助于更好地分析目标的可行性。

6D 模型由 6 个方面组成。

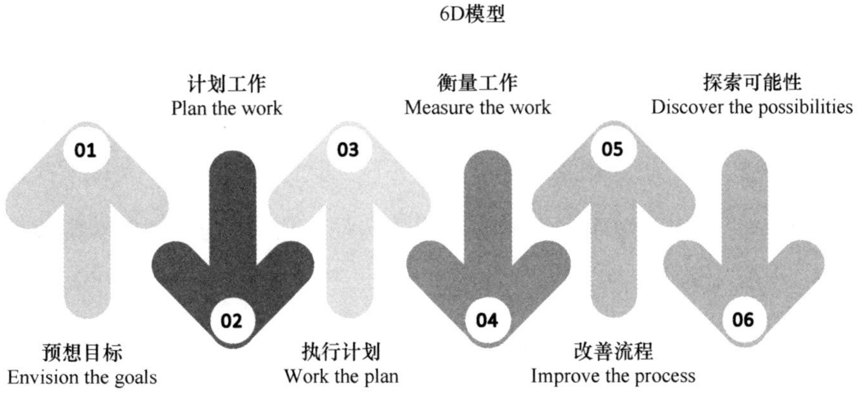

图 3-1　6D 模型

预想目标（Envision the goals）：把内心最渴望、最强烈的想法变成实际目标。

计划工作（Plan the work）：为定好的目标设定计划并排上日程。

执行计划（Work the plan）：按照计划一步步执行，并记录执行过程中遇到的问题。

衡量工作（Measure the work）：与预期目标进行对比；分析差异。

改善流程（Improve the process）：根据以往经验，调整计划。

探索可能性（Discover the possibilities）：评估目标实现过程中的不确定性，从而更好地了解风险、管理风险。

【万能公式】

人到中年，身体发福，曾经风度翩翩的少年已经不修边幅，成了名副其实的中年油腻大叔。很多中年人都是这样的状态，我也一样，直到有一次在足球比赛中我们被年轻人踢到溃不成军，晚上边喝酒边骂边遥想当年……

第二天，那群中年大叔的队友们依然我行我素，吃吃喝喝，快快乐乐，我却无法释怀，在自己最喜欢也最擅长的项目上，绝不甘心这样被羞辱，于是我制订了一个健身计划，想要恢复身体状态。接下来就通过 6D 模型进行实战讲解：

第一步：预想目标——恢复身体状态。在选择目标的时候，一定是近期最渴望实现的，因为强烈的欲望可以驱使下一步的行动。很多人每天都在设定各种各样的目标，然而最终能够实现的却没有几个，运用 6D 模型就是通过一整套流程确保目标的可实现性。

由于被现实痛击，所以恢复身体状态成为我最渴望的目标。

6 个月减重 10 斤。

加强力量训练。

6-12 个月练出腹肌。

每天绕公园跑一圈（5 公里）。

第二步：设定具体的行动计划，排上日程。

可以借助表格制订训练计划，直到养成习惯，实现自动自发训练。

开始的几周，我通过表格形式制作计划，直到养成习惯之后，我就可以在固定的时间自动自发进行训练了。

由于工作时间比较自由，我会在工作之余穿插进行仰卧起坐、俯卧撑等力量训练，例如在整点的时候练 10 分钟仰卧起坐，也是在高强度用脑之后的放松，有助于思维的发散。

虽然计划都已经排上日程，但不是一成不变的，根据身体状况决定，累了就不练，不累的话就多练练。

表 3-1　训练时间表

时间段	周一	周二	周三	周四	周五	周六	周日
10:00	仰卧起坐	仰卧起坐	仰卧起坐	仰卧起坐	仰卧起坐	踢球	休息
11:00	俯卧撑	俯卧撑	俯卧撑	俯卧撑	俯卧撑		
13:00	午睡	午睡	午睡	午睡	午睡		
14:00	仰卧起坐	仰卧起坐	仰卧起坐	仰卧起坐	仰卧起坐	踢球	踢球
15:00	俯卧撑	俯卧撑	俯卧撑	俯卧撑	俯卧撑		
16:00	力量练习	力量练习	力量练习	力量练习	力量练习		
18:00	跑步	跑步	踢球	休息	跑步		

第三步：执行计划，并记录遇到的问题。

在计划执行的过程中，遇到的问题会陆续跳出来，所以这一步的目的就是用来调整的。

当计划开始执行的时候，问题就出来了，这时很多人就会发现自己的计划是多么不靠谱。例如上面的计划表，这是我最初设计的日程计划，前三天没问题，因为周三晚上踢球，到了周四就发现身体不行了，太累了，什么都不想做。所以，第三步就是用来调整的，记录执行过程中遇到的各种问题。

这一步也可以通过表格的形式呈现，见表 3-2：

表 3-2　计划调整表

序号	原定计划	问题	修正方案
1	每天跑步 5 公里	耐力不行，坚持不了	跑一圈，走一圈
2	周四训练项目	周三踢球太累，周四身体疲劳，无法按计划执行	周四全天休息
3			
4			
5			
6			

第四步：衡量工作。指的是与预期目标进行对比，并分析差异。

可借助表格进行差异分析。

表 3-3　差异分析表

序号	预期目标	实际情况	差异分析
1	6 个月减重 10 斤	6 个月减重 4 斤	运动量与身体承受能力相匹配，问题出在饮食方面
2	加强力量训练	被各种琐事打扰，无法保证每天的固定练习	训练不规律
3	6~12 个月练出腹肌	一块没练出来	仰卧起坐训练不规律　经常喝酒
4	每天绕公园跑一圈	只能跑半圈	公园跑道一圈 5 公里，刚开始耐力跟不上，跑不下来

第五步：改善流程。结合实际情况与以往经验，调整计划。

可借助表格调整。

表 3-4　计划调整表

序号	预期目标	实际情况	调整计划
1	6 个月减重 10 斤	6 个月减重 4 斤	减少晚餐的摄入量，调整饮食结构
2	加强力量训练	被各种琐事打扰，无法保证每天的固定练习	改为空闲时间训练，有空的时候就多练一会儿
3	6~12 个月练出腹肌	一块没练出来	只能坚持练习，并降低目标预期
4	每天绕公园跑一圈	只能跑半圈	改为另一个公园（一圈 2.5 公里）跑一圈，走一圈

第六步：探索可能性。评估目标实现过程中的不确定性，从而更好地了解风险、管理风险。

借助表格分析潜在风险。

表 3-5　风险管理表

序号	预期目标	潜在风险	管理风险
1	6 个月减重 10 斤	临近春节应酬多，已经减掉的 4 斤随时会反弹	要么管住嘴，要么少聚会
2	加强力量训练		
3	6~12 个月练出腹肌		
4	每天绕公园跑一圈	随着冬季来临，天气转凉，惰性增加	改为室内健身

【自我训练】

读书对很多人来说都是一件困难的事，请你选择最近想看的一本书，利用 6D 模型帮助自己从头到尾读完这本书。

第一步：预想读书目标。你想读哪本书？多长时间读完？从中学到什么知识？

_____

第二步：将具体的读书计划排上日程，例如每天打算读多少页？

_____

第三步：在读书过程中遇到了哪些问题？

_____

第四步：与之前设计的读书目标对比，分析差异。

_____

第五步：结合实际情况调整读书计划。

_____

第六步：列出导致你无法完成读书计划的风险，以及如何应对风险。

九宫格目标管理模型：如何从 8 个方面制订详细的计划

九宫格模型是一种很常见的时间管理工具，尤其适合用来制订人生计划。今天我们讲的九宫格模型，与网上流行的内容有一些区别，并没有限定领域，而是围绕自己的目标选择 8 个相关的方面，从而更加详细地制订计划。

如下图所示，将自己的目标写在中间的格子，剩下 8 个格子则是为了实现目标而制订的相关计划。需要注意的是，在制订计划的时候要遵循一定的原则，例如前三个格子，一般是安排紧急重要的任务；4、5 两个格子，安排重要但不紧急的任务；6、7、8 三个格子，则用来安排不紧急不重要的任务。

1 （紧急重要）	2 （紧急重要）	3 （紧急重要）
4 （重要不紧急）	目标	5 （重要不紧急）
6 （不紧急不重要）	7 （不紧急不重要）	8 （不紧急不重要）

图 3-2 九宫格模型

【万能公式】

假设你准备设计 2023 年的年度计划，我们用九宫格模型一步步讲解：

第一步：设计年度目标。假设你的年度目标为"度过更有价值的一年"，将该目标填入中间的格子。

第二步：填写第一排的三个格子（1-2-3），围绕年度目标，将紧急重要的 3 个相关目标填入格子。假设你是一名刚毕业不久，初入社会的职场人士，你目前迫切需要的是学习成长、工作精进、人脉资源。围绕这 3 个领域，填写详细目标。

第三步：填写第二排的两个格子（4-5），将重要不紧急的两个相关目标填入格子。例如身体健康，虽然很重要，但是对于年轻人来说并不算紧急任务，所以放在第四个格子。同理，投资理财也是这个道理，刚上班还没有积蓄，这时可以逐步关注投资理财方面的知识，慢慢学习。

学习成长	工作精进	人脉资源
1.提升英文水平 2.学习专业知识 3.精进PPT技巧 （紧急重要）	1.熟悉业务流程 2.提升工作经验 3.提升业绩 （紧急重要）	1.开发客户 2.与同事、领导搞好关系 3.认识更多同行 （紧急重要）
身体健康		理财投资
1.每周跑步3天，每次5公里 2.每周去两次健身房练习力量 （重要不紧急）	2023年度计划 度过更有价值的一年	1.学习理财知识 2.开始基金定投 （重要不紧急）
人生体验	生活休闲	兴趣爱好
1.看一场演唱会 2.玩一次蹦极 3.进行一次公开演讲 （不紧急不重要）	1.学车 2.独自旅行 （不紧急不重要）	1.组建自己的足球队 2.组建一支乐队 （不紧急不重要）

图 3-3　九宫格模型（2023 年的年度计划）

第四步：填写第三排的 3 个格子（7-8-9），这 3 个格子属于不重要也不紧急的相关领域，可以安排一些放松休闲的目标，需要注意的是，这 3 个格子里的目标不用占据很大精力，即便无法完成也不用着急。

【自我训练】

九宫格模型适合用来制定中长期目标，针对这方面的考虑，可以设计一个生活或工作中的目标，按九宫格模型进行练习，挑选 8 个相关领域，目的是更好地实现最终目标。

OGSM 模型：如何更高效地完成计划

OGSM 模型是一种计划与执行的管理工具，由 4 个英文单词的首字母组成。

O（Objective，目的）：未来的某个时刻，你希望达成怎样的目标。

G（Goal，目标）：每个阶段你要完成什么目标。

S（Strategy，策略）：针对每个阶段性的目标，具体采用怎样的执行策略。

M（Measurement，测量）：阶段策略的量化指标。

OGSM 模型可以用来制订计划，并有效提升计划的执行效率。

Objective（目的），指的是使命，战略目标，应用在个人领域，可以理解为未来你准备处于一个怎样的位置。例如你是一名互联网运营从业者，你制定的战略目标是 5 年之后成为运营总监，10 年之后自己创业。

Goal（目标）：每个阶段你要完成什么目标。为了更好地实现战略目标，你必须学会将一个远大的目标拆解为若干个小目标，降低难度，从而更好地实现目标。

Strategy（策略）：针对每个阶段性的目标，具体采用怎样的执行策略。例如"读书"，具体要采用怎样的读书方法，泛读？精读？跳读？

Measurement（测量）：阶段策略的量化指标。例如"一个月读完一本210 页的书"，那么平均到每一天至少要读 7 页。

经过以上 4 步，就可以大大提升计划的执行效率。

【万能公式】

"假设你是一位职场小白，想要制订一项个人成长计划，在接下来的 5 年里在职场取得快速突破。"

根据这个主题，我们利用 OGSM 模型制订一份详细的个人发展计划。

第一步：Objective（目的）。站在一个相对长远的角度设计目标（5~10 年）。我们以 5 年职业规划为例进行设计，5 年之后要从一名职场小白晋升为专业人士。

第二步：Goal（目标）。根据长远目标，设计每一个阶段的具体目标。

第三步：Strategy（策略）。针对每个阶段性的目标，制定具体的执行策略。

第四步：Measurement（测量）。设计阶段策略的量化指标，没有具体的指标也就没有评判标准，所以这一步也是很关键的，用来检验自己的计划是否合格。

接下来，我还设计了一张名为"5 年个人职业规划"的思维导图，更详细地列出了每一个分支。

【自我训练】

结合自身实际情况，通过 OGSM 模型，制订一份个人成长计划，并利用思维导图形式呈现。

图 3-4　5 年个人职业规划

第一步：未来 5~10 年，你想达成怎样的目标？

_____

第二步：每一阶段需要完成的具体目标？

_____

第三步：为每一阶段性目标制定相应的执行策略。

第四步：为每一阶段性目标设计可量化的指标。

WOOP 模型：摆脱惰性，顺利达成目标

该模型由著名心理学教授加布里埃尔·厄廷根在《反惰性》一书中首次提出，通过在心理动机领域长达 20 多年的研究，厄廷根总结出了 WOOP 模型，旨在帮助人们摆脱惰性，更顺利地实现自己的目标。

WOOP 模型由 4 个英文单词的首字母组成。

图 3-5　WOOP 模型

W（Wish，愿望）：确定愿望、目标。设计一个符合 SMART 原则的愿望、目标，时间没有限制，建议以中短期目标为主。

O（Outcome，结果）：对结果进行乐观幻想。尽可能生动地想象愿望实现之后最好的结果，也就是具体有什么好处，并将其无限放大。

O（Obstacle，障碍）：想象在实现愿望过程中可能遇到的现实障碍。

P（Plan，计划）：根据可能遇到的现实障碍，制订相应的计划。

首先讲一下厄廷根教授发明它的动机。经过多年的心理动机研究，厄廷根教授发现人们在做事的时候总是习惯性对结果抱有乐观幻想，例如：

生活中，当一个男孩看上某个女孩之后，想当然地以为只要自己走上去，在女孩面前侃侃而谈一番，就能轻松讨得女孩子的欢心；工作中，一个刚毕业的销售员，以为每天多打几通电话就能取得不错的业绩……

无论是工作还是生活中，这样的场景屡见不鲜，人们经常忽视了达成目标过程中会遇到的障碍、挑战与付出，导致最终的结果与预期大相径庭。

厄廷根教授关注到了这个问题，于是进行了大量的实验，其中有这样一个实验：

厄廷根教授找来一群本科生作为志愿者，将他们分为两组，她让第一组的人在脑海中想象接下来的一周会非常顺利：参加各种派对，与心仪对象表白成功，考试得了高分……她让另一组的人根据实际情况记录自己未来一周的心理活动。

结果显示，与第二组学生相比，第一组学生这一周过得并不顺利，他们觉得很多事都没处理好，而且精神状况欠佳。

通过进一步实验，厄廷根教授发现了生物学解释，她这样说道："对未来的乐观想象导致受试者血压降低，让他们的身体状态放松下来。虽然它会让人感觉良好，但实际上却没有给人实现复杂目标所需的活力。"

厄廷根教授认为，这种乐观想象还会让大脑误认为已经实现了目标，从而使人失去执行目标的动力。

厄廷根教授将乐观的幻想分为两类。

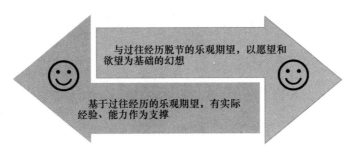

图 3-6　乐观的幻想

向左箭头的乐观期望明显具备积极意义，而向右箭头的乐观期望很容易扭曲自己的认知，形成自我催眠。

厄廷根教授认为，乐观的幻想可以帮助人们更好地实现梦想，追逐目标，然而过分沉湎于乐观幻想，则会强化人的惰性，削弱将愿望付诸行动的能力。也就是说，当某些人的愿望已经在脑海中实现了，现实中也就没有动力去追求目标了。

接下来的万能公式，就是帮助第二类人群更好地执行目标，实现自己的愿望。

【万能公式】

我们以写作为例，假设你是一位写作爱好者，想要通过开设公众号作为自己的副业。那么，如何通过 WOOP 模型顺利达成目标呢？接下来，我们通过思维导图形式予以呈现。

第一步：确定愿望、目标。设计一个符合 SMART 原则的愿望、目标，时间没有限制，建议以中短期目标为主。

第二步：对结果进行乐观幻想。也就是开设公众号这件事能给自己带来哪些好处。

第三步：想象在实现愿望过程中可能遇到的现实障碍。

第四步：根据可能遇到的现实障碍，制订相应的计划。

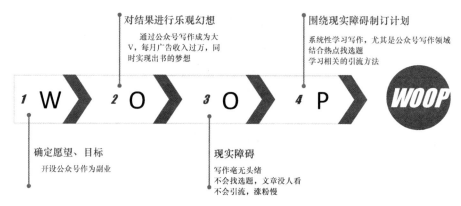

图 3-7　如何通过 WOOP 模型达成目标

【自我训练】

WOOP 模型在生活与工作中非常实用，能够有效克服惰性心理，更顺利地实现目标。接下来，请你根据自己最近的一个愿望，通过 WOOP 模型制订计划。

第一步：你最近希望实现的愿望 / 目标是：

_____

第二步：如果你能够如愿，最好的结果是：

_____

第三步：在实现愿望 / 目标的过程中，你可能会遇到的障碍：

_____

第四步：对于上述障碍，你准备制定怎样的解决方案：

_____

KPT 模型：风靡日本的高效复盘模型

KPT 模型是一种风靡于日本各大公司的管理模型，运用在个人领域，可以有效辅助思考，我们主要讲一下该模型在高效复盘方面的应用。

KPT 模型由 3 个英文单词的首字母组成。

K（Keep，保持）：指的是根据复盘内容，有哪些细节、操作是可以继续保持的。

P（Problem，问题）：遇到了哪些问题？有哪些地方需要进一步思考解决？

T（Try，尝试）：可以尝试做些什么，从而解决问题。

运用 KPT 模型进行复盘的方法也很简单，你只需要针对自己的目标不断进行提问，然后将这些问题按照 KPT 模型分类，保留好的内容，剔除有问题的内容，然后尝试拿不准的内容。

KPT 复盘模型可以应用在很多方面，例如会议讨论，总结最近的学习与工作，团队绩效管理，等等。

【万能公式】

假设你是一位销售主管，准备给团队开会总结一下大家最近的表现，试着利用 KPT 模型进行复盘。

第一步：在会上指出大家表现不错，需要继续保持的地方。

第二步：询问团队成员遇到了哪些问题，为了提升业绩还需要解决哪些问题？

第三步：针对上述问题，可以尝试用哪些方法进行改进。

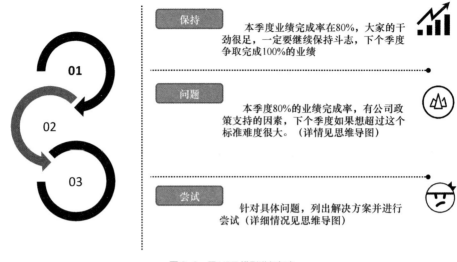

图 3-8　用 KPT 模型进行复盘

接下来，我用思维导图的形式将完整的细节呈现出来。

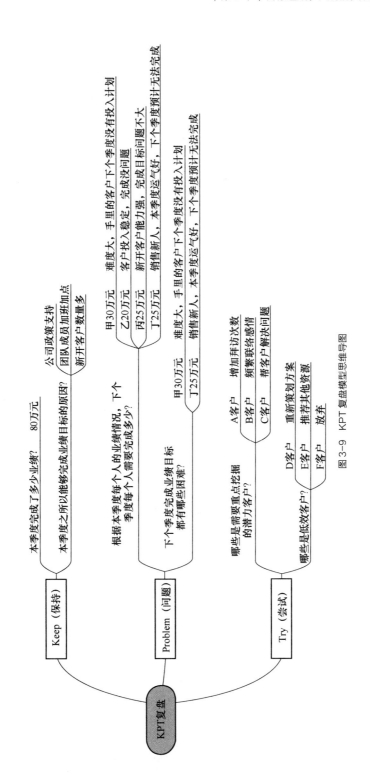

图 3-9 KPT 复盘型思维导图

本季度完成了多少业绩？ 80 万元

Keep（保持）

本季度之所以能够完成业绩目标的原因？
公司政策支持
团队成员加班加点
新开客户数量多

甲 30 万元 难度大，手里的客户下个季度没有投入计划
乙 20 万元 客户投入稳定，完成没问题
丙 25 万元 新开客户能力强，完成目标运气好，下季度预计无法完成
丁 25 万元 销售新人，本季度运气好，下季度预计无法完成

根据本季度每个人的业绩情况，下个季度每个人需要完成多少？

甲 30 万元 难度大，手里的客户下个季度没有投入计划
丁 25 万元 销售新人，本季度运气好，下季度预计无法完成

Problem（问题）

下个季度完成业绩目标都有哪些困难？

A 客户 增加拜访次数
B 客户 频繁联络感情
C 客户 帮客户解决问题

哪些是需要重点挖掘的潜力客户？

Try（尝试）

哪些是低效客户？
D 客户 重新策划方案
E 客户 推荐其他资源
F 客户 放弃

KPT 复盘

【自我训练】

结合自己目前的学习与工作，利用 KPT 模型进行一次复盘。

第一步：对于最近一个阶段的学习 / 工作，你认为值得保持的地方是：

_____

第二步：在学习 / 工作过程中，你遇到了哪些困难？

_____

第三步：为了解决这些困难，从而实现目标，你将会尝试哪些全新的方法？

_____

第 4 章

提问与表达：
如何提出好问题，如何表达有逻辑

ORID 焦点提问模型：解决问题的第一步是问对问题

有人认为提问很简单，想到什么问什么，这有什么难的？然而，漫无目的的提问并不能帮你有效解决问题，甚至很多情况下，你的问题会招致对方的反感，不愿意再搭理你。

这种现象在生活与工作中非常常见，特别是对于自己不懂的领域，其实很难提出有效问题，这时就需要借助一些外部工具，帮助自己在专业水平与对方不对等的情况下，正确提出问题。

ORID，即焦点呈现法（Focused Conversation Method），在这里我将其演化为一种提问模型。

ORID 由 4 个英文单词的首字母组成。

O（Objective，事实 / 信息）：客观的事实、信息和数据。

R（Reflective，感受 / 体验）：当事人对数据的内在反应，如：情绪、感受、联想等。

I（Interpretive，理解 / 思考）：当事人对这件事的解读。

D（Decision，决定 / 行动）：当事人对未来做出的决定或预备要采取的行动。

ORID 焦点提问模型是一种结构化思维，遵循大脑自然思考的过程。信息通过我们的大脑往往遵循 3 个步骤：输入→处理→输出。

也就是说，我们需要按照上面的 3 个步骤提问，才能实现提问效率的最大化。然而，现实生活中，大部分人都是随口就问，例如："你的计划是什么？"

被提问者听到这样的问题就会一愣，"什么计划？"他们还需要先完成"输入"的步骤，也就是需要先回想一下自己的计划，才能回答这个问题，这样就浪费了时间，而且很多时候都会产生所答非所问的境况。

如果想要精准提问，提问者就必须遵循大脑输入→处理→输出的步骤，这才是正常的思考路径，而 ORID 焦点提问模型则符合这样的逻辑。

【万能公式】

ORID 焦点提问模型能帮助我们更有系统地进行提问，按照 O–R–I–D 这 4 个步骤进行，就可以完成一次有效的提问。

主题：假设你是一位管理者，手底下有几个刚毕业的实习生，实习期结束之后你要写评估报告，于是决定与他们进行一次面谈。

第一步（O）：以客观事实、信息、数据为基础，也就是从对方客观感受到的事件开始进行提问。如：实习期间，给你们印象最深的是什么？

第二步（R）：第一步之后，一定会引起当事人的内在反应，包括情绪、感受、联想等，针对这一点继续提问。如：可以进一步分享一下你对公司业务的看法，或者说对这个团队的感受吗？

第三步（I）：第二步提问之后，当事人会对客观事实、信息、数据进行进一步的解读，针对这一点继续提问。如：你觉得从这个团队中学到最多的是什么？还有什么其他想分享的想法吗？

第四步（D）：完成以上三步之后，当事人会对未来做出决定，提问者要继续进行引导式提问。如：接下来你有怎样的职业规划，下一步具体打算是什么？

通过以上 4 个步骤的提问，你就能够充分了解实习生在实习期间的真实想法，以及他们下一步的具体计划，这样就可以很轻易地完成评估报告了。

ORID（焦点呈现法）还可以运用在更多领域，例如即兴发言的场景，做述职报告的时候……总之，利用 ORID 万能公式，会让你的提问、表达更有逻辑性，也更容易得到你需要的结果。

【自我训练】

假设你是一名主管，在一次团队会议结束之后进行复盘，试着通过 ORID 模型设计问题。

第一步：大家认为这次会议最重要的议题是什么？

O：_____

第二步：大家对下个季度提升业绩审核标准这件事感到恐慌、担忧吗？你们认为将会遇到怎样的困难？

R：_____

第三步：业绩审核标准是公司高层制定的，其他部门也曾表示出异议，你们认为会给我们部门带来怎样的影响？

I：_____

第四步：基于此次会议的讨论，你们认为在公司政策不变的情况下，我们将要怎么做？

D：_____

GROW 模型：如何引导他人有层次地思考

GROW 模型是一个经典的通用模型，可以应用在很多领域，由约翰·惠特曼于 1992 年提出，GROW 由 4 个英文单词（词组）的首字母组成。

G（Goal setting，设定目标）：日常工作生活中的单一事件性目标。

R（Reality，现状）：搞清楚目前的状况、客观事实。

O（Options，选择）：选择解决方案。

W（Will，行动计划）：制订具体的行动计划。

该通用模型适用于工作与生活中的很多领域，今天我们要讲的是在提问领域中的应用。很多时候，我们的沟通效率很低，其中一个重要原因，是我们只是站在自己的立场上进行表达，没有调动对方的需求。

试想一下，如果你是一个 PPT 高手，有学员向你请教如何做出精美的 PPT，你从专业角度说了一大堆高级技巧，可对方连最基本的 PPT 功能都没认全，这样的沟通就是低效的。

这个模型，就是通过提问的方式，让对方主动、有层次地思考问题，一步步找到答案，从而提高沟通效率。

使用 GROW 模型进行沟通需要注意的是，你不要直接给出答案，而是通过提问让对方找到答案。

第一步：Goal setting（设定目标），高效沟通是帮助对方解决问题的前提，所以一定要清楚地知道对方的目标。有些时候，对方可能并不清楚自己的目标是什么，或者说只有一个笼统模糊的目标，这就需要通过提问的方式激发他们思考，一步步形成清晰的目标。

第二步：Reality（现状分析），定好目标之后，一定要让对方认清现状。例如甲目前的薪水只有 3000 元，想要实现月薪 1 万的目标，短期内想要有所突破存在难度，通过提问的方式可以让对方认清目前与目标之间的差距。

第三步：Options（选择解决方案），有了具体目标，又能够清晰地认识到自己的现状，接下来就需要具体的解决方案了，也就是考虑自己都有哪些选项，并分析出最可行的选项。

第四步：Will（行动计划），可行的选项分析出来之后，就需要制订行动计划了，分析出行动过程中可能会有的困难，想好具体的解决方法。

以下是有关具体问题的沟通模板，如下图。

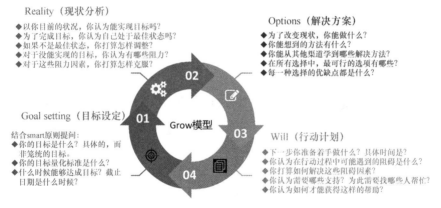

图 4-1　GROW 模型沟通模板

【万能公式】

接下来，我们以具体案例分析。

甜丫，坐标成都，刚毕业，从事文案工作，有一次找领导谈话，表示自己想要在职场快速晋升。如果你是她的领导，应该如何通过 GROW 模型提问，完成一次高质量的沟通呢？

根据上面的提问模板一步步分解：

第一步：Goal setting（设定目标）。

领导：快速晋升并不是一个明确的目标，你需要设定一个更具体的目标。

甜丫：升职加薪。

领导：期望做什么岗位？拿到多少月薪呢？

甜丫：高级文案策划，月薪 10000~12000 元。

领导：你想要什么时候实现这个目标？

甜丫：今年下半年。

第二步：Reality（现状分析）。

领导：那么以你目前的状况，你觉得能实现吗？

甜丫：好像不行，我现在工资才 5500 元。

领导：对于月薪过万的目标，你觉得在实现过程中都有哪些阻力？

甜丫：这个啊，那太多了，我觉得自己的创意不行，缺乏想象力；学习能力也不够，看的经典文案太少；经验欠缺，这是我第一份工作……

第三步：Options（解决方案）。

领导：你还是很有自知之明的，那么对于这些阻力，你打算怎么克服？

甜丫：多看多写多学，对了，多加班！

领导：你打算从哪些渠道学习呢？

甜丫：跟您学啊，还有就是多看经典文案，跟其他前辈学习。

领导：这些方法都不错，你觉得其中最可行的，或者说效果最好的是哪种？

甜丫：估计还是自学吧，大家都很忙，估计也没空教我……

第四步：Will（行动计划）。

领导：呵呵，自学是很明智的选择，你打算什么时候开始呢？

甜丫：今天就开始学。

领导：学习过程中你一定会遇到不少问题，你打算怎么做？

甜丫：能网上找到答案的就自己琢磨，实在没有思路就求助同事。

领导：你觉得哪一位同事会帮你，或者说能够更好地教你？

甜丫：应该是小刚吧，他水平不错，也有耐心。

通过以上提问模板一步步拆解问题，可以让对方充分调动积极性思考自己的问题，从而达成最好的沟通效果。

【自我训练】

在利用 GROW 模型进行自我练习时，可以先从家人、朋友入手，例如通过提问引导自己的孩子。我们以引导孩子学习举例，试着通过 GROW 模型进行提问。

第一步：小宝，新学期你在学习方面的目标是什么？

_____

第二步：你目前的学习状况怎么样？

_____

第三步：为了弥补与目标之间的差距，你打算怎么做？

_____

第四步：你打算什么时候开始行动？

_____

第五步：你认为在行动过程中会遇到哪些困难？为此，你需要哪些支持？

_____

SCQA 模型：结构化表达让你快速成为说服高手

毕业于哈佛大学的芭芭拉·明托是麦肯锡第一位女咨询顾问，她在自己的著作《金字塔原理》中提出了 SCQA 模型，该模型能够让我们的表达更有结构性，说服力更强。

你是否有过这样的感受：当你在进行表达的时候，包括语言表达（演讲，对下属讲话，等等）和非语言表达（方案，报告，等等），你的听众很难集中注意力，脑子里总是有各种杂念，或者提出一些与你表达内容不相关的问题。

芭芭拉·明托提出的 SCQA 模型就是为了解决这样的情况，结构化、富有逻辑性的表述能够让你的听众专注于你要表达的主题，从而提高说服效率。

SCQA 模型可以应用于很多方面，说服、演讲、写作、汇报、自我反思……这是一个应用极为广泛的思考模型，无论在生活还是在工作中，都具有很高的实用价值。

我们先来看一下 SCQA 模型，这四个字母分别代表 4 个单词。

S（Scene）：场景。

C（Conflict）：冲突。

Q（Question）：问题。

A（Answer）：答案，即问题的解决方法。

【万能公式】

利用 SCQA 模型说服他人，一共分为四个步骤。

第一步（S）：描述场景。由听众熟悉的情景或事实作为导引，目的是引起听众的兴趣和共鸣。

第二步（C）：引出场景中存在的冲突。

第三步（Q）：根据前面的冲突，从听众的角度提出他们关心的问题。

第四步（A）：提出解决方案。

当年乔布斯在演讲过程中就用到过 SCQA 模型，我们来看看乔布斯是如何说服听众的。

第一步（S）：描述场景。首先，乔布斯表示如今的市场上手机品牌众多。

第二步（C）：引出场景中存在的冲突。之后，乔布斯表示虽然有这么多手机，但是它们都存在各种各样的问题，都不好用。

第三步（Q）：根据冲突提炼出需要处理的问题。乔布斯进一步指出这些手机的问题，也就是苹果手机接下来需要解决的问题。乔布斯提出疑问：难道市场上就没有一台从使用者的角度出发，功能强大又好用的手机吗？

第四步：提出解决方案。新款 iPhone 可以解决所有问题。

乔布斯利用 SCQA 模型一步步有逻辑性地告诉听众，iPhone 到底有什么特别之处。是不是很经典的说服案例？利用这个模型，可以让你的表达更具有结构性，从而有逻辑地说服对方。

【自我训练】

这里我用一篇非常经典的广告文案作为自我训练的内容，假设你是一位药厂的负责人，想要说服患有灰指甲的人群用你们厂的产品，利用 SCQA 模型，你知道如何有逻辑地进行表达，从而说服用户吗?

第一步：引出场景（Situation）。

_____

第二步：强调冲突（Complication）。

_____

第三步：提出问题（Question）。

_____

第四步：给出答案（Answer）。

_____

写完你的答案之后，再感受一下"亮甲"这个品牌的文案，体会一下 SCQA 模型的神奇之处吧。

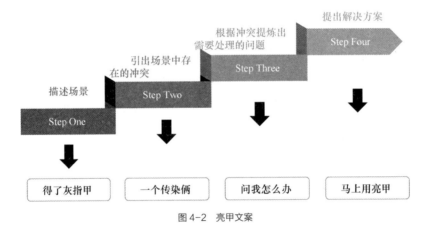

图 4-2　亮甲文案

沟通预设模型：高效率表达的超级武器

沟通预设模型并非来源于一些经典模型的演变，而是源自沟通的 5 个关键因素，分别是信息、发送方、渠道、接收方、反馈。

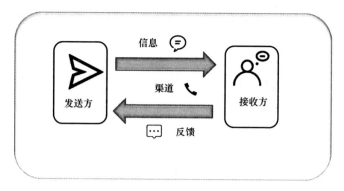

图 4-3　沟通预设模型

信息：我们需要表达的内容，形式不限，例如文字、声音、图像等。

发送方：信息源产生的主体。

渠道：传播信息的载体和渠道，比如通过 U 盘存储信息，通过微信、电话这些渠道进行传播。

接收方：需要接收信息的人。

反馈：接收方接收到发送方对信息的解释之后，做出的反应。

想要进行一次高质量的沟通，就需要针对这 5 个方面的因素进行预设，也就是提前思考说什么，怎么说，对方的反应如何，等等，这些都需要提前想好。接下来我们通过万能公式进行实操训练。

【万能公式】

公司最近有一单生意，你是该项目的负责人，然而你缺少相关资源，于是想到了在美国的大学同学，他现在是一家公司的高管，他所在的公司刚好有这方面的资源，不过他每天的工作非常忙，你应该如何与他完成一次高效沟通。

第一步：整理信息。也就是分析即将沟通的内容，由于同学平时工作繁忙，所以要将你想要表达的内容整理好。针对案例进行具体分析，这不是简单的找同学寒暄帮忙，而是合作性质的项目，所以一定要从双赢的角度整理你要表达的内容。

第二步：发送方要考虑如何传递信息，才能保证信息的清晰性与完整性。以上述案例分析，建议采用声音＋文字的形式，传递信息的渠道则采用电话＋电子邮件的形式。

毕竟同学好久不见，如果只是打字则显得太生疏了，语音沟通是首选。不过合作内容复杂，而且较为正式，所以有必要附上文字信息予以进一步说明。

第三步：考虑接收方的反应。这是非常关键的一步，同时也是最难的一步。你需要提前考虑到接收方收到信息之后的反应，例如平时如果你与这位大学同学交往甚密，经常保持联系，而且他们公司的业务又刚好能够帮到你，你认为这次沟通很可能取得不错的效果，那么则可以在邮件沟通的时候详细说明一些细节；如果你与对方好久不联系，只是从其他同学那里得知他的信息，那么预判对方对你的请求不会很感兴趣，如果没有其他渠道可选，也可以简单沟通碰碰运气；如果预判对方很可能不感兴趣，比如得知他最近实在太忙，或者这单生意对他没有实质性帮助，那么也可以避免详谈，简单寒暄即可。

沟通预设模型

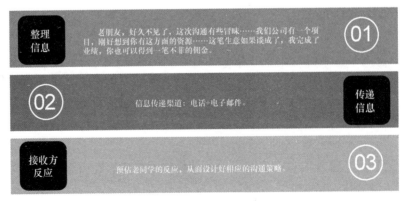

图 4-4　沟通预设模型实操训练

利用以上 3 步就可以完成一次高效率的沟通，如果是重要项目，建议采用 5W1H 通用模型进行预设提问。

Why：为什么要传达信息，对双方是否有意义？

Who：要传达给谁，对方目前的具体情况是什么？

What：要传达的信息是什么，中间会不会有什么误会或干扰？

When：什么时候传达这个信息比较好？

Where：在哪里或什么场合传达信息？

How：通过什么样的方式传达信息？

接下来，我们结合思维导图的形式分析前面的案例。

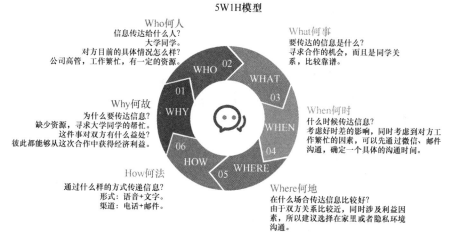

图 4-5　5W1H 分析模型

【自我训练】

假设你准备向领导提出升职加薪的请求，利用沟通预设模型完成一次模拟谈判。

第一步：整理信息。想要升职加薪，你需要准备出哪些能证明自己的资料？

第二步：如何传递信息。面对面跟领导约一个时间？还是通过邮件形式？或者微信先探探口风？

———————————————————————————

第三步：信息接收方的反应。领导听到涨薪要求之后的反应怎么样？对于各种可能出现的情况，应该怎样沟通？

———————————————————————————

一解一模型：如何回答老板的提问

一解一模型，是一种总分总结构的回答问题的模型，具体结构为"短回答＋长回答＋重复结论"。关键在于短回答，要第一时间给出答案，所以非常适合用来回答领导的提问。

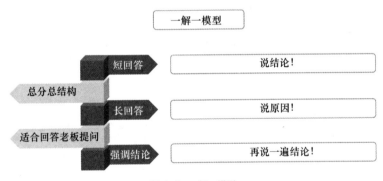

图 4-6　一解一模型

领导关注的是结果，而且他们都很忙，所以在回答问题时，先说结果，然后再解释，最后强调一遍结论。采用这种方式，传播效率是最高的，也是领导最喜欢的。有时候，领导可能只听结果，后面的解释都不关心了。

专业人士在回答问题时总是习惯纠结于细节，他们会将多种复杂因素考虑进去，从专业角度讲解，从而完全忽视听者的诉求与专业水平。举个例子，见下图。

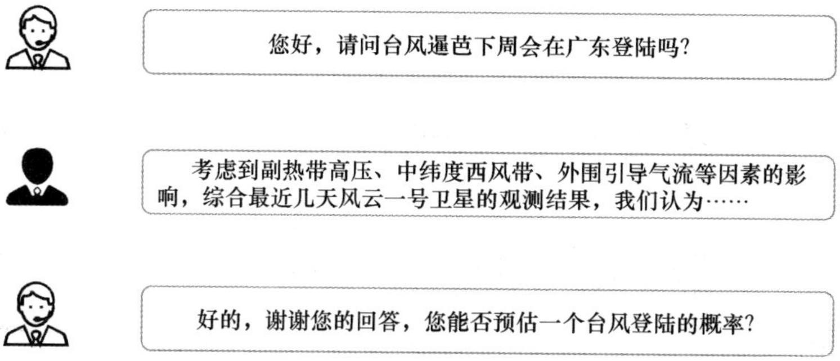

您好，请问台风遥芭下周会在广东登陆吗？

考虑到副热带高压、中纬度西风带、外围引导气流等因素的影响，综合最近几天风云一号卫星的观测结果，我们认为……

好的，谢谢您的回答，您能否预估一个台风登陆的概率？

图 4-7　具体案例 1

如果电视机前的观众还没有换台，那么主持人只有通过进一步询问才能得到一个台风登陆概率，而如果使用一解一模型，那么传播效率则会高很多。

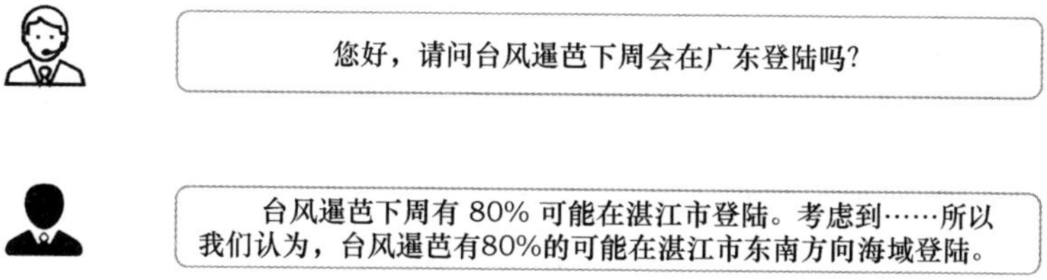

您好，请问台风遥芭下周会在广东登陆吗？

台风遥芭下周有 80% 可能在湛江市登陆。考虑到……所以我们认为，台风遥芭有80%的可能在湛江市东南方向海域登陆。

图 4-8　具体案例 2

先利用短回答强调结果，再做专业解释，最后再强调一遍结论。这样一来，大部分只关心结果的观众就会找到自己的答案，否则很可能大家早就换台了。

【万能公式】

"假设你是一名销售经理，部门总监开会的时候质问你最近业绩为什么那么差？"以此作为案例，使用一解一模型回答领导的提问。

第一步：短回答，说结果。

第二步：长回答，解释原因。

第三步：强调结论，目的是再次让提问者对结论加深印象。

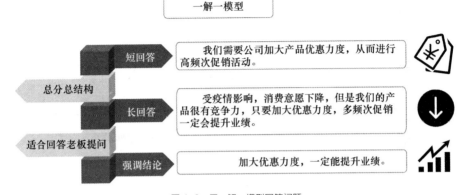

图 4-9　用一解一模型回答问题

【自我训练】

结合自己在工作中的实际情况，预想上级将会问到的问题，或者以最近一次的提问进行问答训练。

第一步：短回答。针对上级的提问，你的结论是：

_____

第二步：长回答。之所以得出这样的结论，具体原因是：

_____

第三步：强调一遍结论。

_____

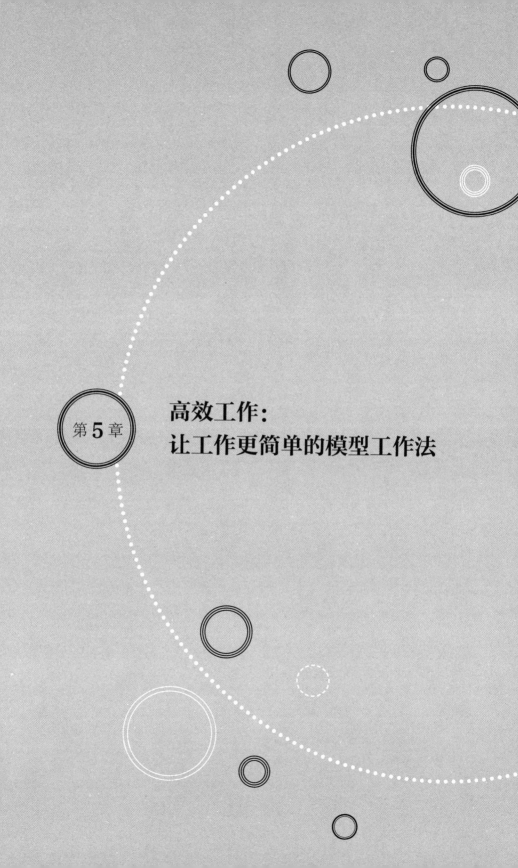

第 5 章

高效工作：
让工作更简单的模型工作法

PDCA 模型：快速提升工作执行力

PDCA 工作法又被称为戴明环，不过它是由美国质量管理专家休哈特博士率先提出的，由世界著名质量管理专家戴明采纳、宣传，获得普及之后，人们便将其称为戴明环。

PDCA 模型在日常工作中非常实用，无论任何工作理论上都离不开 PDCA 循环，它由 4 个单词的首字母组成，分别代表了 4 个阶段。

P（Plan）：从问题的定义到行动计划。

D（Do）：实施行动计划。

C（Check）：检查执行计划的结果。

A（Action）：解决出现的问题。

善于运用 PDCA 模型，可以帮助我们提升工作执行力，并在工作中快速形成闭环思维，让任何一项由你负责的任务都能够有始有终地顺利完成。

需要注意的是，PDCA 是一个不断循环的过程，而不是运行一次就结束。每一次循环解决一些问题，未解决的问题则进入下一次循环，如此往复，直到问题彻底解决为止。

图 5-1　PDCA 的循环过程

【万能公式】

Cindy 刚大学毕业时只是一名行政人员，在短短两年时间内就成了总经理助理，她有什么过人之处呢？我们通过一件日常工作的小事分析：某日，经理突然接到总部电话，明天去北京开会，于是吩咐 Cindy 查一下具体航班。

Cindy 用的就是 PDCA 模型，这也是她成功的地方之一，非常善于借助工具提高工作效率。我们看一下她是怎么做的：

第一步：PLAN（计划）。

根据工作任务提出问题：如何高效地帮助领导订好机票？

根据问题找出原因：领导明天要去北京总部开会。

进一步找出主要原因：具体出行时间、选择什么等级的仓位、是否需要订往返机票、是否需要订酒店？

提出解决问题的计划：根据以上问题，逐一解决。

第二步：DO（实施）。

根据计划执行：

领导返程时间不确定，因此不订返程机票；北京总部安排住宿事宜，不用订酒店。

根据领导工作安排设计行程，18:00 结束会议，预留 30 分钟；18:30 从公司出发去机场，防止交通堵塞预留 30 分钟；办理登机手续 60 分钟；由此推断，选择 21:00 之后的航班最为稳妥。

根据公司规定以及领导职级，选择头等舱。

将方案汇报领导，待确认之后订机票。

第三步：CHECK（检查）。

结果 1：任务完成，领导于凌晨抵达北京。

结果 2：航班因为天气原因延误，导致飞机晚点。

工作瑕疵：未考虑到天气原因，没有做出备选方案。

第四步：ACTION（处理）。

设计备选出行方案，遇到飞机延误的情况，高铁出行可以作为备选方案。

标准化订票流程，保证下一次能够以最高效率订票。

按照上述步骤处理工作，可以在很大程度上提高工作效率，全程只需要领导进行几次简单的确认，这就是一个高效助理的工作标准。

【自我训练】

假设你是一名销售助理，你的领导从抖音联系到了一位潜在的大客户，但是对于这个客户并不了解。你本打算这两天查一下资料，没想到客户突然打来电话，表示下午想见面聊一下。作为助理，如何利用 PDCA 模型快速为领导准备出相关的信息？

第一步（计划）：列出你的具体计划。

_____

第二步（实施）：在执行计划过程中可能遇到哪些问题？

_____

第三步（检查）：对自己的工作进行复查，避免纰漏。

第四步（处理）：将这次任务的流程标准化，下次再遇到同样的问题直接套用公式。

SCR 模型：如何有逻辑地汇报工作

SCR 模型是一个非常简单的汇报模型，咨询公司在工作中经常使用。

S（Situation，背景信息）：汇报工作的时候，简要说明背景信息，如果领导对这些信息比较熟悉了，则可以略过该部分，或者缩减为一两句话。

C（Complication，冲突挑战）：在项目进展过程中，遇到了哪些挑战，是人为因素还是非人为因素，这些因素对于整个项目造成了哪些影响。

R（Resolution，解决方案）：针对这些困难，你设计了哪些具体的解决方案。

【万能公式】

王小姐是某科技信息公司的销售人员，主要负责达人直播视频版块，几乎每天都要开会，我们以每天的工作汇报作为主题，通过 SCR 模型逐步讲解。

第一步：介绍背景信息。对王小姐来说，每日工作汇报的背景信息就是讲一下当天的主要工作内容，以及明天的工作计划。

有些人认为第一步也可以省略，这种情况建立在你的汇报对象对该背景信息熟悉的前提之下，否则如果一上来就说结果，会让人听不明白。例如，汇报的时候直接说结果："张总，我们设计一个视频模板吧。"

第一步：介绍背景信息

今天新对接了两位服装领域的达人，其中一位有投放需求，后续进一步跟进；

每天紧盯几位大客户的视频制作，提供专业建议；

明天继续通过刷直播视频寻找潜在客户并沟通。

图 5-2 介绍背景信息

如果你是张总，在不了解背景的前提下，肯定会问为什么，这样就浪费了时间，还需要再讲一遍背景信息。

第二步：汇报工作中遇到的困难。

第二步：冲突挑战

客户业绩下滑严重，经济环境是重要原因，但是客户忽视视频内容也是关键原因。

客户只想卖货，不愿意花费时间精力做好视频内容，虽然反复强调，但是客户意愿并不高。

我认为主要是人为因素造成的，客户对视频这块不重视，不愿意找专业团队，自己又做不出优质内容。

图 5-3 冲突挑战

在讲述困难的时候，可以根据领导的性格，决定是否加入情感因素，放大遇到的困难。人都是有感情的，如果你的领导不是那种只看结果，不讲情面的人，完全可以突出自己遇到的困难，博取同情。当然，里面的尺度一定要把握好。

例如现在各行各业的生意都不好做，没有新开客户也是很正常的。如果你在汇报的时候只说一句"今天没新开"，估计领导会被气得半死，并公开训斥一番。这时候就需要加入感情因素，例如在新开客户过程中遇到的各种问题，将你的痛苦、挣扎，看到希望之后的喜悦都讲出来，从心底与领导产生联结，从而获取理解与信任，说不定就会得到额外的帮助。

第三步：给出具体的解决方案。

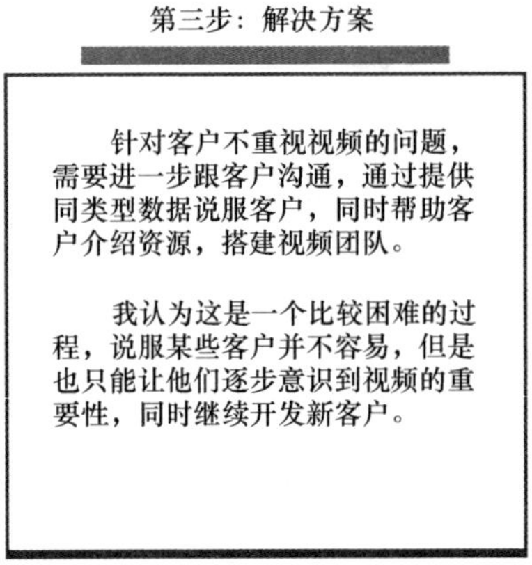

第三步：解决方案

针对客户不重视视频的问题，需要进一步跟客户沟通，通过提供同类型数据说服客户，同时帮助客户介绍资源，搭建视频团队。

我认为这是一个比较困难的过程，说服某些客户并不容易，但是也只能让他们逐步意识到视频的重要性，同时继续开发新客户。

图 5-4　解决方案

解决方案一定要详细，可以遵循 SMART 原则，要让领导看出方案的合理性。最重要的是一定要有结果，否则第二天的汇报还会遇到问题。

【自我训练】

针对你的工作进行汇报演练，例如周一你要跟领导汇报工作，按照 SCR 模型设计并演练，可以帮助你提升表达的逻辑性与汇报效率。

第一步：介绍背景信息。例如介绍一下过去一周的工作内容。

_____

第二步：冲突挑战。在上周的工作过程中遇到了哪些困难？

_____

第三步：解决方案。针对具体困难，准备如何解决？

PPP 模型：简单高效的工作汇报模型

PPP 模型是一种极简工作汇报模型，很多大公司以及很多初创公司都在使用。该模型主要适用于 3 种情况。

PPP 模型的 3 种适应情况：

1. 员工向上级汇报工作。

2. 管理者向团队成员提问。

3. 员工与团队成员之间汇报工作。

该汇报模型便于彼此快速弄清楚工作进度，时间控制在 10~15 分钟之内。如果需要深度讨论，另行安排会议。

PPP 是由 3 个英文单词的首字母组成。

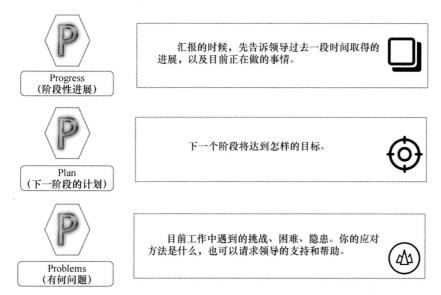

图 5-5　PPP 模型

【万能公式】

假设你是一位主管，最近一名组员业绩下滑，接近 PIP（绩效改善计划）边缘，而且工作积极性明显下降，通过 PPP 模型向该下属进行问询。请注意，PPP 模型不是为了安抚该员工的情绪，而是为了着手找到解决问题的方法。

第一步：询问阶段性进展。

第二步：询问下一阶段计划。

第三步：询问该下属遇到的具体问题，是否需要帮助。

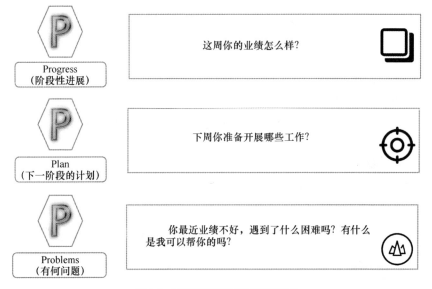

图 5-6　通过 PPP 模型向下属进行问询

【自我训练】

假设下周一例会的时候，你需要向主管汇报工作进度，利用 PPP 模型进行模拟训练。

第一步：阶段性进展。过去一周，你都做了哪些工作？

第二步：下一阶段的计划。本周你将继续展开哪些工作？

第三步：具体问题。上周的工作中遇到了哪些问题？有什么问题是需要团队或者上级帮助的？

PREP 模型：要事第一的高效沟通法

PREP 模型是一种遵循"要事第一"原则的思维模型，可以用于沟通汇报、演讲、写作等领域，这一节我们主要讲它在沟通汇报领域的用法。

PREP 由 4 个英文单词的首字母组成。

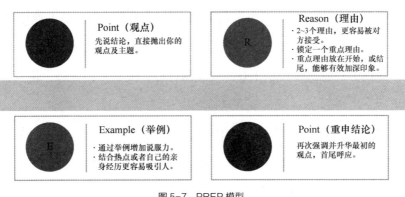

图 5-7　PREP 模型

P（Point，观点）：先说结论，直接表达观点、主题。

R（Reason，理由）：说明理由。

E（Example，举例）：具体事例。

P（Point，重申结论）：再次强调最初的观点。

运用该模型能够有效提升沟通效率，尤其是在与领导沟通的过程中，先说观点，如果领导感兴趣再进一步进行说明。

很多人在表达时缺少逻辑性，想起什么说什么，实际上这会给领导造成很差的印象，认为你的逻辑不清晰，表达能力差。而 PREP 模型先把结论抛出来，这也是职场通用的法则，无论沟通对象是谁，先强调结论都会让沟通变得更加高效。

【万能公式】

周一，老板开晨会，两位主管分别进行汇报。

A 主管：我们团队在这个月的表现很出色，正值"双 11"大促，每个人都加班加点非常卖力，出色地完成了公司的业绩目标。

B 主管："双 11"我们团队总共完成了 120 万的业绩，比公司 100 万的任务，超额完成了 20%。同事们每天都在加班加点工作，单人业绩都在 10 万以上。比如小琴，每天工作到晚上十点，回家之后还会跟我开会，一直到凌晨。我认为，此次完成了 120 万的业绩目标，离不开团队每一位同事的辛苦付出。

感受一下，哪一个主管的汇报更好，更有说服力？如果你是老板，更希望听到哪一版汇报？很显然，B 主管的要更好，这是因为他的汇报遵循了PREP 原则，我们来分析一下：

第一步：先说结论。

第二步：给出 2~3 个理由。

第三步：举例。

第四步：重申结论，升华最初的观点。

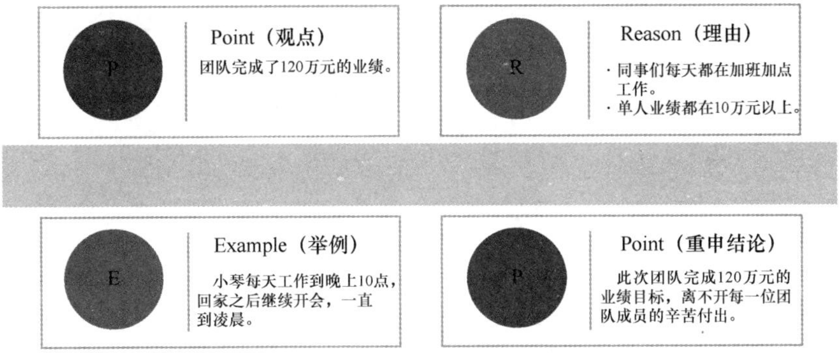

Point（观点）
团队完成了120万元的业绩。

Reason（理由）
·同事们每天都在加班加点工作。
·单人业绩都在10万元以上。

Example（举例）
小琴每天工作到晚上10点，回家之后继续开会，一直到凌晨。

Point（重申结论）
此次团队完成120万元的业绩目标，离不开每一位团队成员的辛苦付出。

图 5-8　运用 PREP 模型进行汇报

【自我训练】

假设你是一位团队主管，需要向公司申请 10 万元作为宣传资金，试着通过 PREP 模型进行沟通。

第一步：表明观点。

_____

第二步：说明理由。

_____

第三步：你准备提供一个怎样的案例增加说服力？

_____

第四步：重申观点，进行升华。

_____

第6章

学习精进:
高效能人士的常用学习模型

SQ3R 模型：有效提升阅读效率

SQ3R 模型由美国教育哲学家弗朗西斯·P. 罗宾逊（Francis P. Robinson）提出，是一种阅读学习策略，"SQ3R" 是该模型 5 个步骤单词的首字母。

图 6-1　SQ3R 模型

S（Survey，浏览）：带有明确目的地总揽全局。

Q（Question，提问）：对每个章节进行初步的自问自答。

R（Read，阅读）：进行深度阅读。

R（Recite，背诵）：在脱离原资料的情况下尽可能复述内容。

R（Review，复习）：有规律地复习之前的内容。

SQ3R 模型将阅读分为 3 个阶段，分别是阅读前、阅读中、阅读后，并鼓励读者在每一个阅读阶段实现一定的目标，从而更有效地理解、思考和处理文本信息。

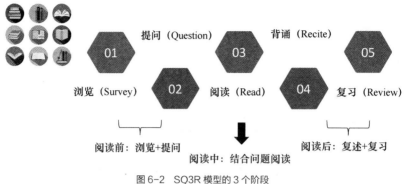

图 6-2　SQ3R 模型的 3 个阶段

1. 浏览（Survey）。对于手中的资料，浏览其重要信息是第一步，了解资料的大致主题，并快速判断出该资料是否为自己所需要的内容。如果是，自己想从该资料中得到什么。

2. 提问（Question）。在正式阅读之前，预设一些问题，有助于激发阅读兴趣，同时更深入地进行思考。

3. 阅读（Read）。在阅读这个阶段，需要精读内容，带着问题阅读，对于重点、难点的内容要随时记录，并查阅相关资料解决问题。

4. 背诵（Recite）。阅读结束后，在脱离原资料、笔记的状态下，对阅读内容进行回忆和梳理，可以对照第二步列出的问题清单，检验自己能否回答出这些问题。

5. 复习（Review）。这一步的目的是强化记忆，一般在上一步结束之后的 1~2 天内进行，隔一段时间再重复一次，这样可以收获全新的知识，同时有助于形成长期记忆。

【万能公式】

以《时间管理从入门到精通》这本书为例，我们来探讨如何通过 SQ3R

模型进行高效阅读。

第一步：浏览（Survey）。

对于浏览一本书而言，先看书名，如果读者对时间管理感兴趣，自然会被这本书吸引。

接下来快速浏览前言，再从目录找到自己感兴趣的内容。

如果刚好是自己需要的内容，接下来就要考虑自己想要从这本书中学到什么，比如说学习各种时间管理的方法。

第二步：提问（Question）。

在开始阅读之前，根据目录标题预设问题，例如第二章第二节"每天省出 1 小时并不难，难就难在做什么"，可以通过记笔记的方式写出自己的问题，如："每天挤出 1 小时的闲暇时间应该做什么？"

第三步：阅读（Read）。

在阅读这个阶段，要带着问题读书，结合第二步提出的问题，从书中找出适合自己的答案，比如你可以背英语单词，或者听一听知识付费节目。

遇到难点，可以先记下来，然后查阅相关资料进一步分析，直至问题解决。

第四步：背诵（Recite）。

合上书，结合之前的问题，试着复述书中的内容。例如"挤出 1 小时做什么"这个问题，书里提供了哪些方法，其中哪些方法适合自己，准备在下一步付诸实践。

第五步：复习（Review）。

为了强化读书效果，一般在阅读之后的 1~2 天内进行复习，然后隔一段时间再重复一次。需要注意的是，并不是说这本书全部读完之后再进行第五步，只要是完成了一节，或者是一个知识点的阅读，都可以进行第五步。这样更容易强化记忆效果。

【自我训练】

还是以读书举例，找一本自己最近正在看的书，按照 SQ3R 模型进行深度阅读。

第一步：浏览（Survey）。这本书你感兴趣的章节是：

_____

通过对这些内容的学习，你想要解决什么问题？

_____

第二步：提问（Question）。针对你所感兴趣的目录，提出相应问题。

_____

第三步：阅读（Read）。上一步问题的答案。

_____

第四步：背诵（Recite）。阅读结束之后，针对自己的问题，复述从书中学到的解决方法。

_____

第五步：复习（Review）。对书中内容进行复习，检验自己是否记住了所学知识点。

A. 没记住　　B. 记住了一部分　　C. 记住并且掌握了

RIA 模型：学以致用的便签式学习法

RIA 模型，也被称为 RIA 便签读书法，由拆书帮创始人赵周老师提出，是一种非常简单好用的读书与学习工具。

在职场竞争异常激烈的今天，每个人都需要不断自我提升，然而平日的学习、工作安排得都很紧，没有空闲时间。好不容易挤出时间，却发现学不进去，我们很容易被外界的无用信息占据注意力，从而陷入恶性循环——拼命努力工作，却发现提升的速度很慢，始终在同一个级别徘徊。

这是因为没有学到多少知识，更没有办法将知识运用到职场之中，所以提升也就无从谈起。

RIA 模型的精髓就在于将书中的知识拆为己用，它可以运用到阅读学习领域，也可以运用到生活工作领域。

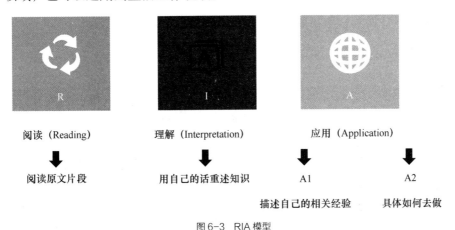

图 6-3　RIA 模型

R（阅读）：在阅读过程中，遇到有价值、有启发的内容停下来，用笔记录下来。

I（理解）：用自己的话进行复述，写出自己的见解。

A1（应用）：针对这个知识点，回顾过往是否经历过、看到过、听说过，通过思考自己的相关经验，让这个知识点真正和自己相关。

A2（应用）：针对这个知识点，如何做到学以致用。下一步该如何行动，如何让知识在学习与工作中发挥作用。

【万能公式】

RIA 模型广泛应用于阅读领域，我们今天重点讲一下它在工作领域的应用。阿信最近很苦恼，刚刚大学毕业不久的他，怀着一腔抱负进入职场，却每天做着端茶倒水的杂活儿，他非常渴望转行去做销售，但是不知道应该怎么办。

他在网上看到了"一万小时定律"的概念，我们接下来利用 RIA 模型进行分析。

第一步：阅读原文内容，并记录有价值的内容。

第二步：用自己的话复述，写出见解。

第三步：针对这个知识点，描述自己的相关经验。

第四步：针对这个知识点，如何做到学以致用。

R 原文内容	A 一万小时定律是作家格拉德威尔在《异类》一书中指出的定律。 "人们眼中的天才之所以卓越非凡，并非天资超人一等，而是付出了持续不断的努力。一万小时的锤炼是任何人从平凡变成世界级大师的必要条件。"他将此称为"一万小时定律"。	公司中同事之间的差距并没有那么大，那些销冠只不过比别人更努力而已，从今天开始，我要付出更多努力，相信一定会超越他们，成为公司的销售冠军。	I 标签
		上学的时候，我就不算是聪明的孩子，初三的上半学期，我只排名全班中游，尤其是英语偏科严重。通过刻苦练习，苦记语法，疯狂背单词，我中考的时候英语成绩排在全班前三。	A 1 标签
		我相信自己完全可以胜任销售的工作，所以平时除了完成本职工作之外，每天加班联系客户，当我成功为公司拉到客户，自己的业绩越来越好之后，就向领导申请转岗，成为公司的业务员。 同时，我相信通过勤奋练习，不断精进销售技巧，积累客户资源，我一定会成为公司的销售冠军。	A 2 标签

图 6-4 利用 RIA 模型进行分析

【自我训练】

针对近期自己正在读的一本书，利用 RIA 模型将书中学到的知识，转化为实际工作与生活中能用到的知识。

第一步：摘录原文内容。

第二步：写出自己的见解。

第三步：针对这个知识点，描述自己的相关经验。

第四步：针对这个知识点，制订在现实生活与工作中的具体计划。

费曼学习模型：史上最牛学习法

费曼学习模型是由加州理工学院物理学教授理查德·菲利普斯·费曼提出的，该方法作为一种学习力方面的思维模型，堪称史上最牛的学习法。

费曼学习模型有两大核心思维，如下图所示。

图 6-5　费曼学习法核心思维

费曼学习模型，实际上就是把自己学到的知识，通过输出的形式教给别人，让大多数人能弄明白。围绕上述两个核心原则，费曼学习法又分为四个具体步骤，如下图所示。

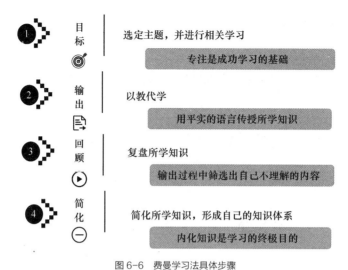

图 6-6　费曼学习法具体步骤

【万能公式】

我们以目前流行的"思维导图"进行案例讲解。

第一步：确定学习主题，即"思维导图"，之后展开相关学习，将具体疑问提出来。

图 6-7　确定学习主题

第二步：输出。采用以教代学的方式，将你学到的知识讲授给他人。在这个过程中，通过学习解答之前的疑问，然后教授他人。

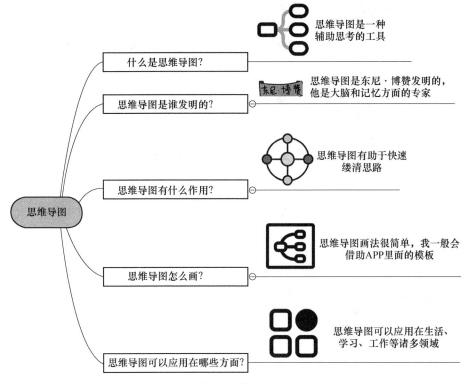

图6-8 输出内容

第三步：回顾，即复盘学到的知识。在教授他人知识的过程中，你会发现知识缺口，这时就需要重新学习。例如你在思维导图具体画法这个问题上卡壳了，重新学习之后发现，思维导图的绘制技巧很简单，只需要简单三步即可。

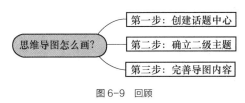

图6-9 回顾

第四步：简化。将自己学到的有关思维导图的知识进行简化，形成自己的知识体系。之前你所学到的知识，可能都来自书本、网络，都是别人的理论，这一步要做的就是将其转化为自己的知识体系。

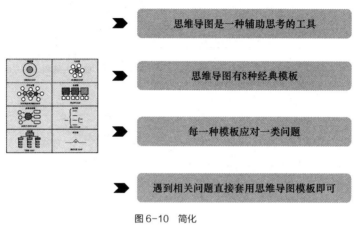

> 思维导图是一种辅助思考的工具

> 思维导图有8种经典模板

> 每一种模板应对一类问题

> 遇到相关问题直接套用思维导图模板即可

图6-10　简化

【自我训练】

选择一个主题，通过费曼学习模型进行学习。

第一步：确定学习主题，并学习相关内容，提出自己的疑问。

_____

第二步：你是如何解答之前这些疑问的？准备向谁讲授？以怎样的方式方法讲授？

_____

第三步：在复盘过程中，又发现了哪些新的问题？

_____

第四步：内化为自己的知识体系。

_____

学习金字塔模型：有效提升学习留存率

学习金字塔模型是由美国学者埃德加·戴尔在 1946 年提出的，之后美国缅因州国家训练实验室也进行了相关实验，并发布了"学习金字塔"报告，如下图所示。

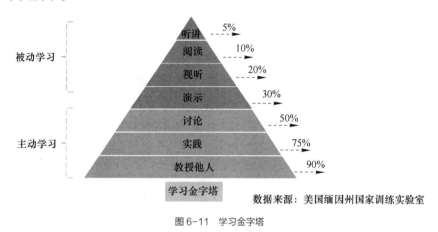

图6-11　学习金字塔

如今，快餐式文化的确能够让人们更加快速、简单、轻松地获取知识，然而并不利于大家进行更深层次地思考，也就是说，你所学到的知识很难转化为技能。渐渐地，形成一种恶性循环，人们因为快餐式学习变得更加焦虑，于是学习更多内容，最后什么也记不住。

学习金字塔模型就是为了训练自己获取知识的能力，通过深度思考，将知识留存，并形成自己的知识体系。

【万能公式】

我们就以本书的学习为例，通过学习金字塔模型提升学习留存率。

第一步：听讲。很多人工作忙，往往没有读书的习惯，于是选择听书的方式。然而，这就是我们从小到大最熟悉的模式，老师在上面讲，学生在下面听，两周以后只能记住所学内容的 5%，效果并不好，还会让你更加焦虑。

第二步：阅读。通过阅读的方式，尤其是以文字为主的图书，学习留存率也只能维持在 10%，主要是那些你真正理解了的内容。

第三步：视听。与枯燥的文字相比，图片显然具备更大的冲击力，也更容易被读者记住。因此，我们在这本书中采用了视觉化的表现形式，通过大量的图片应用，让读者更容易理解内容，从而更好地记住所学内容。

第四步：演示。如果有人可以通过演示的方式讲解知识，那么听众对于知识的吸收效果会达到 30%。举个简单的例子，考交规的时候，人们往往对于笔试题中交警的手势分不清，这时如果在现实生活中看到交警指挥交通，再联想起考题，那么记忆就会更加深刻。

第五步：讨论。针对本书的学习，读者可以在线上加入相关社群，与读过这本书的人相互讨论。线下也可以加入读书会，面对面讨论的效果会更好。这种方式能够让大家记住约 50% 的内容。

第六步：实践。根据本书所学内容进行实际操作，对于知识的吸收效果是惊人的，可以达到 75%。例如通过某种模型，解决工作中遇到的问题。

第七步：教授他人。这也是费曼学习模型的核心，可以将知识留存率提升至 90%。能够达到这一步的读者，算是真正把书读透了。当你已经可以将本书内容运用到实际工作之中，且并不满足于此，还要把所学知识教授给他人，那么这个分享的过程实际上也是更好地吸收知识的过程。

【自我训练】

选取一个学习主题，例如某一本书，某一门课程，通过学习金字塔模型进行学习。

　　第一步：听讲之后记住了哪些知识？占比多少？

_____

　　第二步：通过阅读的方式记住了哪些知识？占比多少？

_____

　　第三步：通过看图片的方式记住了哪些知识？占比多少？

_____

　　第四步：通过演示的方式记住了哪些知识？占比多少？

_____

　　第五步：通过讨论的方式记住了哪些知识？占比多少？

_____

　　第六步：通过实践的方式记住了哪些知识？占比多少？

_____

　　第七步：通过教授他人的方式记住了哪些知识？占比多少？

_____

双重回路学习模型：从错误中总结

　　双重回路学习模型由管理学大师克里斯·阿基里斯提出，指的是从自我反思中再次学习的能力。双重回路学习模型分为一阶观察与二阶观察，其中一阶观察指的是当事人亲身经历的阶段，在这一阶段，当事人往往只能看到眼前的事物；二阶观察指的是观察行为背后的原因，也就是从局外人的视角观察自己或他人第一阶段的行为。

　　举例来说，你在参加一场足球比赛，对于裁判员的一次判罚极为不满，与裁判员发生了激烈的争执导致被罚下，最终导致球队输球。这一阶段，你属于一阶观察者。

第二天，通过观看队友录下的比赛录像，你发现裁判的判罚是正确的。这一阶段，你就是二阶观察者。这时候你能够更客观地看待裁判的判罚，从而认识到自己的错误。你从中吸取教训，下一次不能再这样冲动了。

由于一阶观察者和二阶观察者的观察方式不同，导致他们所获得的信息也有所不同。一阶观察者有时候很难意识到自身观察方式的缺陷，而二阶观察者则能够识别到这种盲点，采取不同的方式看待并解决问题。因此，该学习模型适合用来进行自我反省，分析错误，从而总结经验与教训。

初级阶段，建议先从自己身上使用该模型，也就是说通过观察自己的行为模式进行反思。熟练运用之后，一阶观察者可以从自身转化为他人，也就是通过观察他人的行为进行反思学习，提炼属于自己的经验教训。

【万能公式】

A 和 B 是夫妻，最近租了一套小公寓，两个人因为"是否购买微波炉"产生了争吵。老公 A 觉得没必要乱花钱，完全可以用其他方式加热。妻子 B 认为微波炉是必需品，使用起来很方便。为此，两个人吵了一架。

之后，老公 A 觉得最近因为这种鸡毛蒜皮的小事争吵越来越频繁，完全没有必要，于是决定利用双重回路学习模型进行总结复盘。

第一步：一阶观察。从当事人的角度客观叙述问题。

第二步：二阶观察。站在局外人的角度分析第一阶段的行为，并找到问题的根源。

第三步：具体行动。找到问题根源之后，一定要展开具体行动，解决问题。如果短时间内没有办法弥补 / 改变错误，一定要确保自己牢记，下次遇到同样的问题不会再犯类似的错误。

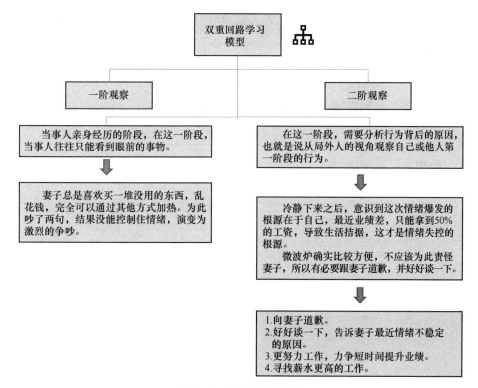

图 6-12　双重回路学习模型

以上是双重回路学习模型在初级阶段的使用，熟练之后还可以通过分析别人的错误，转化为自己的经验教训。这样就可以起到预防作用，这也是很多高手都在运用的技巧。

【自我训练】

回顾最近发生的错误或者是某个你想解决的问题，通过双重回路学习模型进行分析。

具体事件 / 错误：＿＿＿＿＿＿＿＿＿＿＿＿＿＿＿＿＿＿＿＿＿＿＿＿＿

第一步：一阶观察。客观回忆并叙述事件的全过程。

_____

第二步：二阶观察。站在局外人的角度分析第一阶段的行为，并找到问题的根源。

_____

第三步：找到原因之后，你准备如何弥补？

_____

第四步：如果短时间内无法弥补，将此次的经验教训列出来。

_____

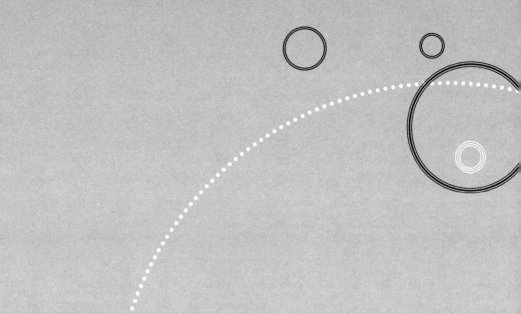

第 7 章　笔记模型：
世界顶级学霸的笔记术

康奈尔笔记模型：记录·思考·总结

康奈尔笔记模型，也被称为 5R 笔记模型，是由康奈尔大学的沃尔特·鲍克等人最先设计出来的，该模型非常经典，把一页纸分为三部分，如下图所示。

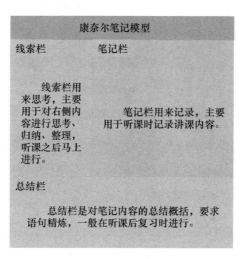

图 7-1　康奈尔笔记模型

康奈尔笔记模型适用范围广泛，几乎适用于所有讲授内容或阅读课，尤其适用于听课笔记。康奈尔笔记模型一共分为 5 个步骤，如下图所示。

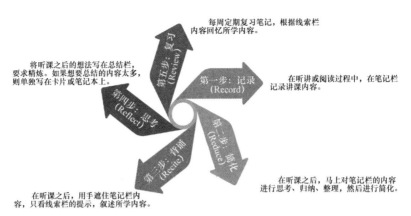

图 7-2　康奈尔笔记模型的 5 个步骤

康奈尔笔记模型在使用时的一些技巧，如下图所示。

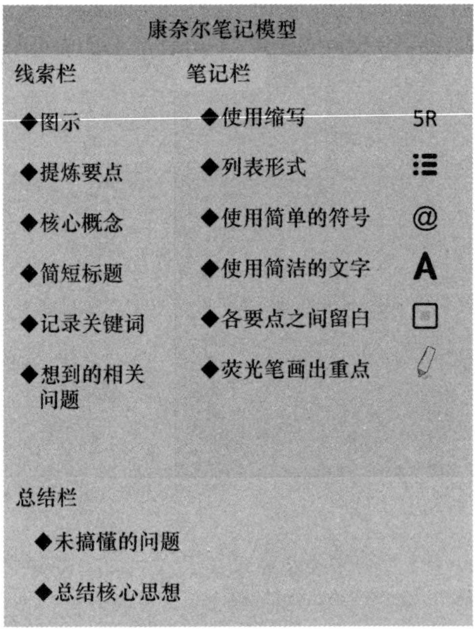

康奈尔笔记模型

线索栏	笔记栏	
◆图示	◆使用缩写	5R
◆提炼要点	◆列表形式	≡
◆核心概念	◆使用简单的符号	@
◆简短标题	◆使用简洁的文字	A
◆记录关键词	◆各要点之间留白	□
◆想到的相关问题	◆荧光笔画出重点	✎

总结栏

◆未搞懂的问题

◆总结核心思想

图 7-3　康奈尔笔记模型实用技巧

【万能公式】

"618 大促"快开始了，公司领导非常重视，准备了一场动员大会，假设你是新媒体部的领导，如何利用康奈尔笔记模型进行会议记录。

第一步：记录。在笔记栏记录此次会议的重点内容。

第二步：简化。会议之后，马上对笔记栏的内容进行思考、归纳、整理。

第三步：背诵。在给团队成员开会布置任务之前，用手遮住笔记栏的内容，只看线索栏，复述本部门主要的工作内容。

第四步：思考。将会议的核心思想写在总结栏。

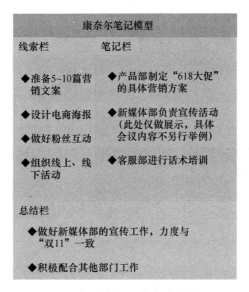

图 7-4　利用康奈尔笔记模型进行会议记录

第五步：复习。在"618 大促"之前，每周定期复习笔记，根据线索栏内容复述工作要点，并给团队成员开会。

【自我训练】

作为一名写作方面的新手，你急需在短时间内提升写作技能，刚好看到一名写作导师的直播课。请用康奈尔笔记模型进行有针对性的训练。

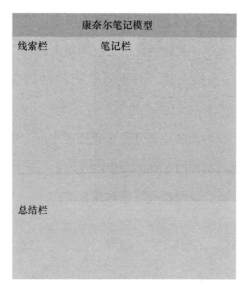

图 7-5　康奈尔笔记模板

子弹笔记模型：再忙也不怕，日程规划有利器

　　子弹笔记模型由纽约交互设计师赖德·卡罗尔发明，由于从小患有注意力分散症，赖德·卡罗尔发明了子弹笔记模型，这是一个集日程表、待办清单、目标制定、项目规划、个人日记等于一体的笔记方法。通过子弹笔记模型，使用者可以更高效地进行自我管理。

　　你是不是觉得如今的日子太忙了？就像埃米·海恩斯所说："生活太忙碌了。我的生活似乎只是一张长长的任务清单。我已经忘了自己的梦想、自己的目标、自己的追求，还有自己本可以做到的事。"

　　这是最好的时代，某种意义上来说，可能也是最坏的时代。身处大时代之下，难道我们只能束手就擒吗？

　　绝不！永远不要向生活妥协！工作再忙，只要选对方法，一样可以安排得井井有条。子弹笔记模型就是这样的利器。

我们先来讲一下子弹笔记的核心概念，如下图所示。

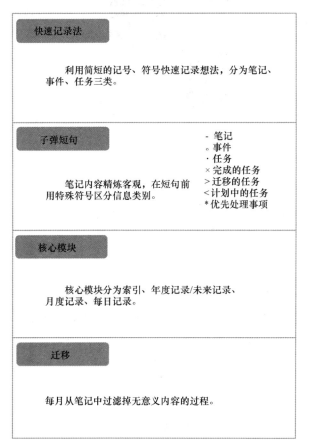

图 7-6　子弹笔记核心概念

之后再来看子弹笔记模型的四个核心模块，分别是索引、年度记录 / 未来记录、月度记录、每日记录，如下图所示。

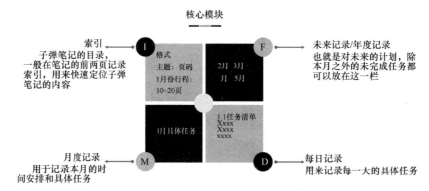

图 7-7　子弹笔记核心模块

【万能公式】

我们就以高效规划自己的生活与工作为主题，利用子弹笔记模型进行自我管理。

第一步：制作索引，也就是你打算如何安排自己的生活与工作。一份高效的日程规划完全可以实现生活与工作的平衡。如下图所示。

图 7-8　制作索引

第二步：未来记录，也就是除了本月之外的未完成任务，假设我们从 1 月份开始规划，那么未来记录建议以半年为期，列出 2~6 月的任务安排。对很多人来说，计划设计得很完美，但是却难以执行，这就需要尽可能设计一些相对短期的目标，更容易执行。如下图所示。

<table>
<tr><td colspan="2" align="center">未来记录</td></tr>
<tr><td>2月

蒙牛项目</td><td>3月

英语课程</td></tr>
<tr><td>4月

蒙牛项目
瑜伽训练班</td><td>5月

公司培训
周三、周五、周
日为固定健身日</td></tr>
<tr><td colspan="2">6月

蒙牛项目
公司培训
参加绘画课程</td></tr>
</table>

图 7-9　未来记录

第三步：月度记录。用来记录本月的具体任务。假设你刚入职一家新公司，1 月份你的任务以培训为主。如下图所示。

图 7-10　月度记录

第四步：每日记录。记录每一天的具体事项，并利用符号进行标注。如下图所示。

每日记录

1月10日
（周二）

×·完成每日培训任务

×·熟悉具体工作流程
- 工作流程与上一份工作相似

·给客户回复邮件
>给客户解答问题

·与客户约见
- 这是公司的大客户，做好充分准备

× 晚上很可能加班，取消与友人约会

图 7-11　每日记录

子弹笔记模型是一个从宏观到微观的过程，将一个大目标，不断拆解为每日目标的过程，在这个过程中，思路会越来越清晰，从而让自己的计划变得更加高效。

【自我训练】

利用子弹笔记模型进行自我规划，让你的工作与生活不再忙得晕头转向。

第一步：制作索引。你是如何规划未来的工作与生活的？写出今年最重要的目标吧。

第二步：未来记录。列出除本月之外，未来每个月打算完成的具体

任务。

___

第三步：月度记录。本月你打算完成哪些具体任务？

___

第四步：每日记录。列出当日具体事项。

___

麦肯锡笔记模型：快速找到问题本质

麦肯锡笔记模型是由大岛祥誉提出的，她曾在麦肯锡公司从事新事业开拓战略、公司战略以及经营战略的制定等咨询项目。麦肯锡笔记模型要求使用者进行主动思考，不仅要记录已经发生的事，还要思考接下来将要发生的事，以及自己需要做些什么。

问题分为两种，一种是表面问题，一种是本质问题，麦肯锡笔记模型则是用来发现本质问题，并提出行之有效的解决方法。

麦肯锡笔记模型分为 4 个步骤，如下图所示。

图 7-12 麦肯锡笔记模型的 4 个步骤

使用麦肯锡笔记模型，具备以下几点优势：

可视化思考，逻辑更清晰。

能够产生有创意性的想法。

遇到问题能够直击问题本质。

【万能公式】

以疫情防控期间公司业绩下滑严重为主题，通过麦肯锡笔记模型找到问题的本质。

第一步：发现真正的问题。想要发现问题，就需要利用笔记本收集整理信息，可以使用"2W1H"法进行分类整理。

"2W1H"法，即 Where（问题所在）、Why（原因）、How（对策）。例如去年"618 大促"销量不佳，针对该问题进行分析。

图 7-13　2W1H 法

通过"2W1H"法，可以确定真正的问题，以及问题之间的联系。

第二步：建立解决问题的假设。建立假设的过程，需要用到"空雨伞"思考模型。

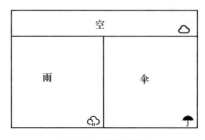

图 7-14　空雨伞模型

空雨伞思考模型也是麦肯锡公司发明的一种极简思考法，它们之间是什么关系呢？天空有乌云（事实）→看样子要下雨（解释）→应该带雨伞（行动）。

也就是说，要将现有信息分为"事实""解释""行动"三类，然后列在模型中，如下图所示。

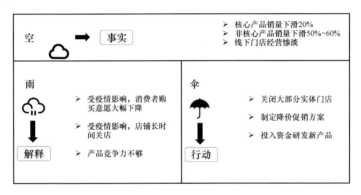

图 7-15　信息分类

第三步：验证假设。通过前两步，我们已经找到了"真正要解决的问题"，接下来我们要验证假设的过程是否正确合理。

麦肯锡笔记模型要求提出假设要用问句，问题越具体，接下来需要关注和解决的主题就越明确。通过不断提问，一步步得出答案。麦肯锡总是要求员工，为了找出本质的原因，必须"重复五次为什么"。

我们来验证"关闭大部分实体门店"这个假设，见图 7-16。

之后，按照上述方法，逐一验证其他假设。

第四步：总结成果。这一步是麦肯锡笔记模型的终极目的，通过金字塔表格的形式将之前的信息概括出来。

经过第三步验证假设得出最终结论，假设最终的结论是"产品老旧，需要投入资金研发新品"，利用金字塔表格形式予以呈现。

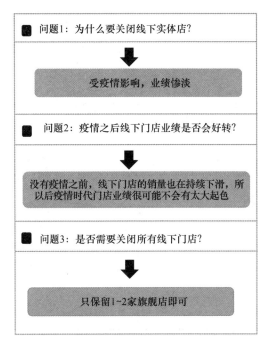

图 7-16　提出问题

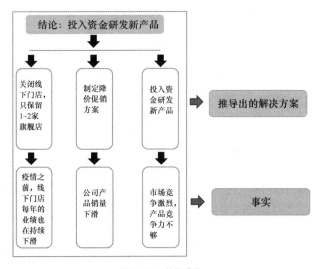

图 7-17　总结成果

【自我训练】

假设你对目前的工作不满意，但也说不上究竟对哪一点不满意，那么利用麦肯锡笔记模型进行分析，找到问题的本质。

第一步：发现真正的问题，可以利用"2W1H"法：

Where（问题所在）：_____

Why（原因）：_____

How（对策）：_____

第二步：利用空雨伞模型，建立解决问题的假设。

第三步：通过提问验证假设。

问题 1：_____

问题 2：_____

问题 3：_____

问题 4：_____

问题 5：_____

第四步：利用金字塔结构总结成果。

葱鲔火锅模型：如何有效阅读一本书

葱鲔火锅模型是由奥野宣之在《如何有效阅读一本书》中提出来的，是一种高效记录读书笔记的方法，能够在短时间内将一本书的精髓提炼出来。

如今，喜欢读书的人越来越多，但真正会读书的人并不多，很多人花费了大量的时间和精力去读书，结果读后却什么都没记住，导致"读书无用论"的出现。

还有很多人自己没时间读书，只喜欢听别人讲书，根据学习金字塔模型，这样的吸收效果也十分有限。

读书笔记是一种提炼图书精髓的方式，能够更好地记住并消化书中的内容。奥野宣之建议，在做读书笔记之前，一定要将一本书读 3 遍：

第一遍：通读。找到有价值的内容，将这一页上角折起来做出标记。

第二遍：重读。重读折角的页面，如果依然觉得很有价值，再将书页下角折起来。

第三遍：标记。第三次重读上下两角都折过的页面，如果依旧觉得很有价值，这时就可以将重点内容划线标记出来了。被标记的内容，将全部用于"葱鲔火锅模型"。

利用读书笔记的方式，可以更好地读透一本书，今天我们要介绍的葱鲔火锅模型就是一种高效记录读书笔记的方式。

葱鲔火锅模型做读书笔记非常简单，一共分为 4 步：

第一步：记录图书的基本信息。除了基本信息之外，我建议将读书的目的也写上，尤其是工具类图书，将你想解决的问题都列出来。

第二步：摘抄。针对第三遍读书之后标记的内容进行摘抄，这些内容都是你觉得有价值的，将这些内容进行归纳整理，把核心点摘录下来。

第三步：评论。做完读书笔记之后，此时印象是最深刻的，及时对摘抄的内容进行思考，并将自己的想法记录下来。

第四步：重读笔记。每隔一段时间重读一遍笔记，所谓书读百遍其义自见，每一次重读都会有新的思考与感悟，重复这样的方式，直到不再产生新的想法为止。

【万能公式】

还是以《时间管理从入门到精通》这本书举例。

第一步：记录图书基本信息。

2022.6.25

《时间管理从入门到精通》

作者：brent

目的：想提升工作效率

要解决什么问题：

　　每天零散时间很多，不知道要做什么

　　工作拖延，效率低下

　　不会制订工作计划

第二步：摘抄。

第三步：评论。

等车、乘车、旅行、排队的时候，可以选择听书。

刷微信朋友圈的时间，可以用来学习。

睡前可以读几页书。

减少休闲、购物的次数，用来提升工作技能。

第四步：重读笔记。

由于工作需要，最近想学习英文，那么等车、乘车、排队的时间，可以用来背单词。

刷微信朋友圈的时间，可以用来联系一些外国朋友，练习口语。

【自我训练】

选择一本最近正在读的书，按照葱鲔火锅模型记录读书笔记。

第一步：记录图书基本信息。

书名：_____

作者：＿＿＿＿＿＿＿＿

读书目的：＿＿＿＿＿＿＿＿＿＿＿＿＿＿＿＿＿

具体想解决的问题：＿＿＿＿＿＿＿＿＿＿＿＿＿

第二步：书摘。

＿＿＿＿＿＿＿＿＿＿＿＿＿＿＿＿＿＿＿＿＿＿＿

第三步：评论。

＿＿＿＿＿＿＿＿＿＿＿＿＿＿＿＿＿＿＿＿＿＿＿

第四步：重读之后的感悟。

＿＿＿＿＿＿＿＿＿＿＿＿＿＿＿＿＿＿＿＿＿＿＿

五星笔记模型：轻松做好会议记录

五星笔记模型是由成甲老师在其《好好思考》一书中提出的，不同于传统的笔记记录方式，该模型是对重点内容加以记录与整理，从而有助于人们更好地思考与复盘。

会议效果差是很常见的情况，公司不停地开会，老板却迟迟得不到满意的反馈。其中很大原因在于，与会人员要么没听进去，要么没听懂，总之对会议信息的吸收效果很差。

作为与会者，你无法要求演讲人改变，例如更好地表达，只能从自身改变，五星笔记模型则可以解决这个痛点，从 5 个领域轻松做好会议记录，从而更有逻辑地进行思考，找出问题的解决方案。

五星笔记模型分别从 5 个领域进行阐述。

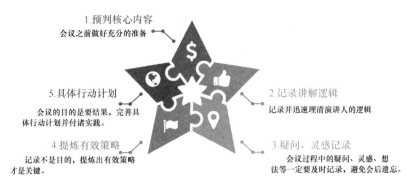

图 7-18　五星笔记模型

1. 预判核心内容。在会议开始之前，就要对此次会议的背景进行了解，掌握演讲人的主题、内容，思考为什么会讨论该主题。了解得越详细，对于会议信息的吸收、掌控程度就越高。

实际上，除非紧急会议，大部分会议的主题与会者都是提前知道的，至少能够猜个大概，例如最近业绩不好，开会的主题肯定与如何提升业绩有关。因此，预判会议主题很容易，重点是预判演讲人的态度、思路、方向等，这样才能更好地做出相应的准备。

2. 记录讲解逻辑。记录演讲人的逻辑，通过罗列关键词的方式，尽快思考、摸索对方的思路，找出对方的演讲逻辑，这样才能更好地应对。

例如领导在会上强调了由于疫情原因导致最近业绩下滑，然而他的逻辑显然是疫情是客观因素，主观因素还要从自身寻找。如果你没弄懂他的逻辑，接下来如果被提问，场面就会很尴尬。

3. 疑问、灵感记录。在会议过程中一定会产生诸多疑问，同时也会受到演讲人的启发产生一些灵感、想法，这些都需要及时记录下来，否则会议结束之后很可能就忘记了。

4. 提炼有效策略。记录不是目的，理解演讲人的逻辑、目的，从而提炼出行之有效的策略才是重点。

5. 具体行动计划。将提炼出的有效策略进行讨论，被采纳的策略则进一步设计为行动计划，并尽快付诸实践。

【万能公式】

某广告公司老板召集高管开会，最近公司业绩很差，准备转型做视频内容。会上，老板情绪激动，思维极具跳跃性，想到哪里就说哪里，而且还会直接点名提问，被问到的高管无不蒙圈，结果自然是被一通训斥。

假设你是与会者之一，通过五星笔记模型进行记录训练。

第一步：预判核心内容。公司最近经营状况不佳，老板情绪不好，此次会议多半与近期业绩下滑有关，作为高管一定会被问到相关情况，必须尽可能做好充分准备，考虑到老板可能会提出的各种问题，并做好挨骂的心理准备。

第二步：记录讲解逻辑。老板在开会的过程中，无论思维多么跳跃，只要不是发泄情绪式的表达，一定会讲到重点内容，与会者要做的就是整理出演讲人的逻辑。

然而，多数人面对这种松散式的信息，可能只是按照传统笔记记录下来，并不利于快速展开思考，那么当老板提出问题的时候，与会者根本无法领会思路，问题也就回答不到点子上。

这时就需要记录关键词，然后快速串联这些关键词，缕出演讲人的思路，并成功推测出对方的表达逻辑。

也就是说，你要成为演讲者，站在演讲者的角度思考问题。在会议过程中做到这一点并不容易，但是会后复盘的时候必须要做到这一点，否则会就算白开了。

老板为什么说要转型做视频？

老板说公司近期业绩不佳，压力很大，后半句咽了回去。他到底想说什么？

老板为什么突然转移到另一个话题，要求销售人员催促客户回款？

老板此次会议到底在暗示什么？暗示谁？

……

第三步：疑问、灵感记录。在会议过程中一定会产生很多疑问，大多数时候是无法当场打断去提问的，尤其是老板讲话的时候。这就需要随时记录问题，例如老板要求销售人员开拓新客户（具体是哪些领域的客户），积极协助支持客户（具体是哪些方面？流量支持，还是视频优化……）。

将这些问题记录下来，之后复盘的时候，考虑好哪些问题是需要问的？具体问谁？哪些问题是自己可以解决的？哪些问题是比较幼稚的……

同时，会议过程中也会产生很多灵感、想法，一定要及时记录并整理出来，会后复盘的时候，挑选有价值的内容与相关人员进行讨论。

第四步：提炼有效策略。在会议过程中产生的灵感、想法一定要及时复盘，这些都可以转化为有效策略。例如客户一直受困于无法制作出精美视频，了解原因之后，发现客户老板一直自己写脚本、做视频，效果都不好。

针对这种情况，你为客户制定了一个详细的方案，包括视频方向、类似的视频样本，以及具体报价等，一并提供给客户。

这就是有效策略，由会议过程中的灵感演变而来，如果没有及时记录，很难成功转化。

第五步：具体行动计划。提炼出有效策略之后，下一步就是制订具体的行动计划。以制作视频为例，设定一个行动计划表，例如：

表 7-1　行动计划表

周一	周二	周三	周四	周五
与客户沟通，提出你的想法	制定制作方案	制定制作方案	与客户初步沟通视频方案	如有意向，约客户见面，进一步讲解方案
周一	周二	周三	周四	周五
如客户对方案满意，尽快促成并签约	进入视频制作流程			

【自我训练】

针对近期你所在公司的情况，预测下一次会议的主题，通过五星笔记模型做会议纪要，并快速锁定问题，找出解决方案。

第一步：分析此次会议的核心内容。

第二步：分析会议演讲人的核心逻辑。

第三步：会议过程中想到的问题。

会议过程中产生的灵感、想法：

第四步：提炼出的有效策略。

第五步：将有效策略转化为具体的行动方案。

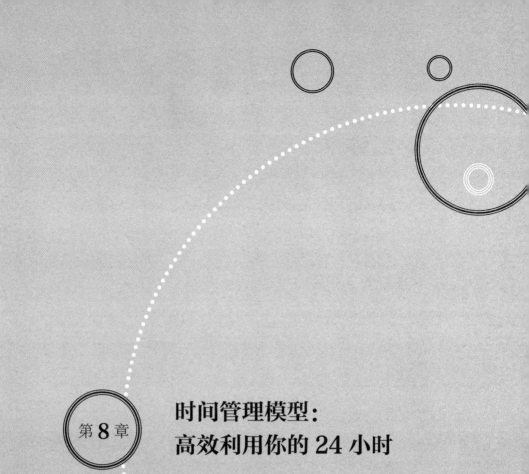

第 8 章

时间管理模型：
高效利用你的 24 小时

ECRS 模型：跟低效工作说再见

ECRS 模型可以将人们从低效的工作状态中解脱出来，如今人们的工作强度很大，身心俱疲。表面上，人们将问题归因于工作任务太多，压力太大，这是客观存在的大环境，实际上完全可以通过自我调整，提高工作效率的方式掌控自己的时间。

取消，指的是取消不必要的活动。

　　正如帕累托法则所说，利用20%的时间创造80%的价值。因此，大胆放弃那些低价值的琐事吧。

合并，尝试同时做两件事情。

　　理论上说，人的大脑是不支持同时做两件事的，这里说的合并，是指那些可间断的任务，不具有很强逻辑性的任务，而且具有一定的相关性。例如一边开会一边记笔记，一边听课一边画思维导图。

调整顺序，当你感觉效率低下时，试着改变工作顺序。

　　有些时候，你感觉工作没状态，效率低下，其实这很可能是因为任务顺序出了问题，你需要根据自己的状态进行调整，例如每天早上9:00~11:00精神状态最好，那么就把难度大的任务安排在这一时段；每天吃完午饭就犯困，那么就安排一些重复性工作，不用动脑子就能搞定。
　　当你长时间做一项工作时，很容易感到疲劳，这时就需要改变工作内容，从而产生新的兴奋点。

简化，让复杂的工作变得更简单。

　　当你面对一项复杂任务时，要学会拆解为若干简单的可执行的目标，可以运用smart模型等。

图 8-1　ECRS 模型

同样的时间内，通过 ECRS 模型，能够更高效地完成任务，也就不用像之前那样疲于工作了。ECRS 模型分为四个部分，即取消（Eliminate）、合并（Combine）、调整顺序（Rearrange）、简化（Simplify）。

【万能公式】

假设你是一位图书策划编辑，最近你的工作状态不太好，每天的工作效率都很低，试着利用 ECRS 模型进行调整。

第一步：取消不必要的活动。

对于一名策划编辑来说，思路是最重要的，因此暂停那些低效的琐事，例如看稿子，与新人作者沟通，等等。不要让这些事浪费过多的精力，从而节省能量专注于重要的事情。

第二步：将某些任务合并。

对于逻辑性不强、可以随时间断的任务，可以一起处理。例如查阅资料，与作者微信沟通等。

第三步：调整顺序。

很多时候，工作状态差，都是因为工作任务的顺序排列出了问题。例如，有些编辑在早上精力状态最好的时候，用来看稿子，结果遇到一本质量差的稿件，审核起来心情烦躁。接下来轮到动脑子想选题，写宣传语的时候，已经完全没有心情了。

改变工作顺序，将重要的工作放在精力最好的时候优先处理。

第四步：简化工作任务。

假设遇到一位流量很大的作者，要写一本视频号运营的书，但是对方不会做目录，而他所写的领域又是你不熟悉的。

问题看似复杂，实际上一步步拆解就会让任务变得可执行。

1. 查阅相关书籍；2. 了解相关书籍内容结构后，结合作者资料设计大纲；3. 发给作者让他提炼自己的卖点；4. 重新整合目录，将卖点插入相应位置。

【自我训练】

如果你近期也遇到效率低下的情况，试着通过 ECRS 模型进行自我调整。

第一步：你认为生活中有哪些事情是可以取消的？

_____

第二步：你认为工作中有哪些任务是可以暂缓或取消的？

_____

第三步：你认为可以合并同时做的有哪些事情？

_____

第四步：你是否有必要调整自己的工作顺序？

_____

第五步：你将如何调整工作顺序，基于怎样的考虑？

_____

第六步：面对复杂的任务，你准备如何进行简化？

_____

九宫格时间管理模型：让每一天的时间安排更紧凑

九宫格是一种很常见的管理工具，可以应用在诸多领域，前面已经讲过如何通过九宫格模型进行目标管理，本节重点讲把九宫格与时间管理相结合，从而让一天的工作效率实现最大化。

九宫格模型很简单，画一个 3×3 的格子，在里面填充相应的内容即可。

中间写上日期，周围八个格子根据重要程度填充内容，围绕一天的学习、工作、生活任务进行安排。见表 8-1：

表 8-1　九宫格时间管理表 1

九宫格时间管理模型		
1	2	3
4	日期	5
6	7	8

【万能公式】

关于如何填充表格没有固定规则，依照时间管理四象限原则即可。我习惯连续使用两次四象限法则，第一次用来处理工作任务，占据前四个表格；第二次用来处理学习与生活的事项，占据后四个表格。

接下来介绍具体步骤：

第一步：填写第一象限内容，重要且紧急的、需要马上处理的任务。

第二步：填写第二象限内容，重要但不紧急、需要有计划执行的任务。

第三步：填写第三象限内容，紧急但不重要的任务。关于这一象限的内容，我的建议是如果你的时薪较高，则尽量委托他人处理。除非你处于空闲状态，又想发散思维，则可以处理一些类似的任务。

第四步：填写第四象限内容，既不紧急也不重要的任务。这类内容尽量减少时间投入。

通过前四步，工作中的事项就都安排好了。从第五步开始，再次按照四象限法则处理生活与学习中的任务，我们就不再分步骤讲解了。

表 8-2　九宫格时间管理表 2（依照时间管理四象限原则填充）

九宫格时间管理模型		
重要且紧急的任务 （工作） 制定团队绩效目标 开团队会议	重要但不紧急的任务 （工作） 为客户制定方案 联系客户讨论方案	紧急但不重要的任务 （工作） 赶在下班之前填写报销单 去销售部取客户资料
既不紧急也不重要的任务 （工作） 回复与工作无关的邮件 无效的社交沟通	2024.6.8	重要且紧急的任务 （学习与生活） 收听业内人士直播
重要但不紧急的任务 （学习与生活） 跑步 明日工作计划	紧急但不重要的任务 （学习与生活） 赶在 618 之前挑选家电	既不紧急也不重要的任务 （学习与生活） 追剧

【自我训练】

利用九宫格模型，练习设计高效且忙碌的一天吧。

表 8-3　九宫格时间管理表（自我训练）

九宫格时间管理模型		
重要且紧急的任务 （工作）	重要但不紧急的任务 （工作）	紧急但不重要的任务 （工作）
既不紧急也不重要的任务 （工作）	日期	重要且紧急的任务 （学习与生活）
重要但不紧急的任务 （学习与生活）	紧急但不重要的任务 （学习与生活）	既不紧急也不重要的任务 （学习与生活）

1-3-5 模型：一天完成 9 件事

1-3-5 模型很好理解，指的是：1 件重要的事 +3 件比较重要的事 +5 件小事。

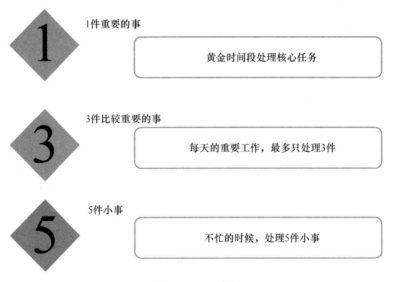

图 8-2　1-3-5 模型

通过该模型，可以在固定时间内提升做事效率，尤其针对做事拖延的人群，这类人群不适合制定过于复杂的目标。很多高效能人士，每天的工作安排得很满，有些人可以处理 10~20 件事，而相对做事效率缓慢或者存在拖延行为的人群，他们很可能连 5 件事都做不完，而且找不到重点，这时 1-3-5 模型就可以发挥作用。

在使用 1-3-5 模型时，有两点注意事项。

注意事项

确定黄金时间段

所谓黄金时间段，就是个人工作效率最高的时间段。在此期间，精力充沛，思路清晰，非常适合处理"1"和"3"的任务。

处理有限任务

虽然叫 1-3-5 模型，但并不代表你在一天之内一定要完成 9 件事，而是根据个人能力、状态以及当日任务的多少合理安排。

图 8-3　注意事项

【万能公式】

假设你目前饱受拖延症困扰，每天无法完成公司安排的工作任务，试着利用 1-3-5 模型重新安排时间。

第一步：将当日全部工作任务罗列出来。假设当天一共有 12 件任务等你去完成。

第二步：锁定当日最核心的工作任务。当你看到列表之后，就已经开始烦躁了，这时你需要冷静思考，挑选出最重要的任务，并将它用彩笔圈出来，在旁边写上"1"。

之后，在你的黄金时间段，重点处理这件事，不要想着其他事情，先找客户把合同签了，然后让对方抓紧付定金。

第三步：核心任务完成之后，再选出"3"件比较重要的事。不用硬凑，如果没那么多重要的事就不选。比如你最终选了2件事，完成之后，在旁边写上"3"。

注意，一定是先解决核心任务之后，再去考虑"3"件重要的事情，这样能够最大程度地避免被干扰。因为有些人一看到事情太多，随着时间的推移就会越来越烦躁，最后什么事也做不好。

第四步：闲暇时处理"5"件小事。这时你已经完成了当日的重要任务，应该已经很轻松了，剩下的琐事根据个人精力、状态决定，能做多少做多少。例如你今天比较累了，下班之前只能再完成2件小事，那就在它们的旁边写上"5"，剩下的任务明天再处理，或者回家之后再做。

图 8-4　利用 1-3-5 模型安排工作

通过 1-3-5 模型管理时间，会让你的工作变得井井有条，你也会更轻松地按照任务的轻重缓急合理安排时间。逐步形成习惯之后，工作效率就会得到提升。

【自我训练】

接下来，试着通过 1–3–5 模型安排每天的工作任务吧：

第一步：列出当日工作任务。

_____

第二步：锁定当日最核心的工作任务。

_____

第三步：选出"3"件比较重要的工作任务。

_____

第四步：选出"5"件小事。

_____

GAINS 模型：提升时间效率，加速目标达成

GAINS 模型是一种简洁有效的时间管理方法，由 5 个单词的首字母组成。

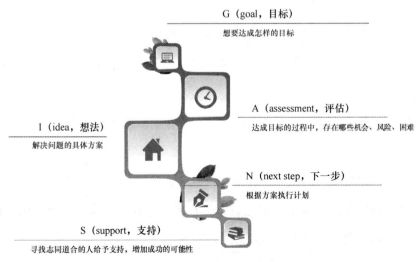

图 8-5　GAINS 模型

Goal：确认目标

做事必须要有明确的目标，这是任何时间管理方法的前提，所以在开始一项任务之前，务必明确几点：

为什么要这样做？（目的）

做这件事的过程将会收获什么？是否能坚持下来？（过程）

最终想要得到什么，做到怎样的程度？（结果）

评估目标的可执行性。（执行）

Assessment：评估机会、风险、困难

目标设定完毕之后，第二步进入评估阶段，你需要分析出其中的机会与收益，面临的风险与困难，具备的优势与存在的缺陷。

充分认识目标之后，进行合理客观的自我评估，相当于事先做好充分的计划，能够将风险降到最低。

Idea：想法

评估之后，如果任务可行，第三阶段就是设计切实可行的方案了。查找资料、制订计划、设计方法，等等。

Next step：行动

执行方案设计完毕之后，就要进入实质性阶段——行动。大部分人有目标、有想法、有计划，但就是不行动。这是很多低效拖延人群所面临的关键问题。

一切任务的关键在于落实，所以，准备好了，就开始行动吧。

Support：支持

完成一件难度大的任务，支持不可或缺，这是一种无形的精神力量。除了精神方面的支持，更重要的是资金、技术、经验、人脉等实质性的帮助，这些都是取得成功不可或缺的因素。

【万能公式】

赚更多的钱是很多人的重要目标，那么假设你在一个月薪 5000 元的行政岗位，给自己定下了一年赚 20 万的目标，如何通过 GAINS 模型促进目标的形成呢？

第一步：确认目标，想要在一年内赚 20 万元。制定目标一定不能盲目，例如这位行政人员，现阶段 5000 元的月薪，很难实现他的年度目标。所以，一定要对目标进行评估。

为什么要这样做？（目的）

想要结婚买房，必须攒够首付的钱。

做这件事的过程将会收获什么？是否能坚持下来？（过程）

努力拼搏争取高薪的过程可以学到更多知识，相信自己能坚持下来。

最终想要得到什么，做到怎样的程度？（结果）

年底的时候赚够 20 万元，加上之前的积蓄，凑够房子的首付款。

评估目标的可执行性。（执行）

目前的工作岗位赚不了那么多钱，需要转为销售岗拿提成才有机会。

第二步：评估。在实现目标的过程中，对于机会、风险、困难进行全方位评估。

机会：转入销售岗位，除了可能拿到更高的薪水，还可以积累人脉。销售是一份锻炼人的工作，能够全方面提升个人能力。

风险：底薪降低，只有 1500 元，如果前期没有业绩，生活压力很大；如果高估了自己的能力，最终无法适应销售工作，也无法转回之前的行政岗位，只能面临重新择业的境地。

困难：从行政岗转到销售岗，各方面都面临着全新的挑战，最大的困难是缺少客户资源，其次是适应问题。

第三步：想法，也就是具体的行动方案。这一步很关键，空想完全没有意义，你的行动方案一定要详细，如果没有清晰的思路，可以遵循SMART原则设计。

向销售部老员工请教，全面了解情况，再次评估转岗的成功率。

向人事部提出转岗申请，由于销售部门槛低，一般都能通过。

多方面学习，向前辈咨询，之后通过大量实践进行复盘思考。

加班加点工作，尽量在短时间内摸清门道，提升业绩。

第四步：展开行动，按照之前的计划一步步执行，在此过程中不断思考，不断积累经验。

计划再完美，也需要具体行动才能达成目标。一旦想好，最关键的就是迈出"下一步"。在具体行动过程中，你还会遇到很多计划外的问题，只有一步步解决掉所有问题，才能实现最初的目标。

第五步：寻求支持。没经历过转岗的人可能不会理解，尤其是从比较轻松的行政岗转到高压力的销售岗，困难程度不言而喻，这时最需要的就是支持。

精神层面的支持是必不可少的，这也是坚持下去的源动力。

然而真正帮助你走下去的，一定是那些实质性的帮助，例如最初没有资源，公司分配给你客户；工作方面什么都不懂，老员工主动带你……找到这方面的资源，才是成功的关键。

相比于没有计划，通过GAINS模型能够有效提升时间效率，更快速地实现目标，而且能够在很大程度上提升成功的概率。

【自我训练】

假设你想获得更多人脉资源，最终进入比你所处阶层更高的圈子，试着通过 GAINS 模型实现你的目标。

第一步：你想达成怎样的目标？

_____

第二步：评估实现目标过程中将会遇到的问题。

机会：_____

风险：_____

困难：_____

第三步：你设计了哪些可行的方案？

_____

第四步：展开行动，并随时复盘。

_____

第五步：列出你所能获得的实质性帮助。

_____

第克泰特模型：上班后的 1 小时

第克泰特是英文单词 Dictator 的直译，引申为"专用时间"。第克泰特模型是犹太人发明的，他们把上班后的第一个小时称为"第克泰特时间"。犹太人非常重视上班之后的第一个小时，因为在竞争激烈的商业世界，谁具备立刻解决问题的能力，谁就占据了主动。

因此，在上班之后的第一小时，犹太人必须将昨天下班到今天上班之间未回复的信息一一进行回复。

有些行业竞争非常激烈，紧迫度高，有时候即便是凌晨的信息都需要立即回复，所以犹太人的第克泰特时间在他们看来有点可笑。但并不是所有行业都这样"卷"，很多人下班之后就不再看邮箱、传真，也不回复信息了。对于这类人来说，第克泰特模型还是非常有效的。

【万能公式】

对于上班之后的 1 小时该如何使用，我设计了几个步骤。

第一步：检查未接电话。原则是先处理已知号码来电，再处理未知号码来电。

即便是各行业竞争如此激烈的今天，大多数人也无法做到随时随地接听客户、领导的电话，尤其是在下班之后，所以遗漏电话是很常见的。那么，第二天上班之后的第一小时就显得尤为重要，此时如果没有及时回复客户电话，很可能丢掉订单；如果没有及时回复领导电话，很可能被训斥一番；如果没有及时回复同事的电话，很可能影响工作的正常进度。

第二步：检查未回复的信息，包括钉钉、飞书、微信、短信等。

先回复客户信息，别耽误生意。

再回上级信息，万一问到客户情况，也有所准备。

最后处理同事信息。

第三步：检查未回复的邮件。

第四步：检查未回复的传真。

第五步：需要优先处理的事项。

回复完消息之后，如果还有时间，可以用来处理紧急的、需要优先处理的工作任务。

【自我训练】

利用第克泰特模型，有效梳理上班之后的 1 小时吧。

第一步：昨天下班之后，未接的已知电话与未知电话分别是？你准备如何回复？

_____

第二步：昨天下班之后，未回复信息来自？你准备如何回复？

_____

第三步：昨天下班之后，未回复邮件有哪些？你准备如何回复？

_____

第四步：昨天下班之后，未回复传真来自谁？你准备如何回复？

_____

第五步：还有哪些需要紧急处理的优先事项？

_____

PCWI 模型：如何让你的人生更有效率

PCWI 模型，与其说是一种时间管理模型，不如说是人生效率管理模型，由 4 个英文单词的首字母组成。

如今，人们越来越重视对时间的管理，但是多数人都将精力聚焦在一个较短的时间线内，很少有人拉长至对整个人生的时间管理。寄希望于快速见到成效没有问题，然而更有远见的人，则会以人生这条时间线为基准。这时，PCWI 模型就会发挥作用。

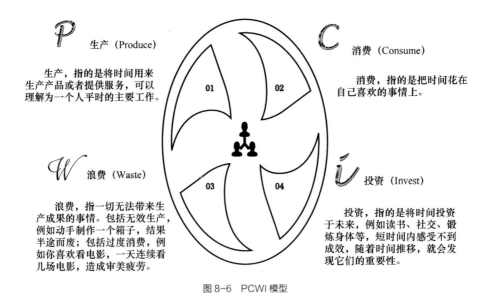

生产（Produce）

生产，指的是将时间用来生产产品或者提供服务，可以理解为一个人平时的主要工作。

消费（Consume）

消费，指的是把时间花在自己喜欢的事情上。

浪费（Waste）

浪费，指一切无法带来生产成果的事情。包括无效生产，例如动手制作一个箱子，结果半途而废；包括过度消费，例如你喜欢看电影，一天连续看几场电影，造成审美疲劳。

投资（Invest）

投资，指的是将时间投资于未来，例如读书、社交、锻炼身体等，短时间内感受不到成效，随着时间推移，就会发现它们的重要性。

图 8-6　PCWI 模型

针对如何使用 PCWI 模型，有几条原则：

控制生产的"量"。这里讲的量，一是要控制生产的数量，二是要提高生产的质量。很多人为了赚钱，拼命工作，他们的确赚到了一些钱，但始终在做重复工作，从某种意义上来说是在浪费时间。以大学生兼职送快递为例，假设一单 1 元钱，工作 8 小时，一天能送 150 单，每天收入 150 元。（这里讲的是生产的数量）

如果每天只用 4 个小时送快递，例如送 75 单，这样看似少赚了 75 元，但是节省的 4 个小时则可以用来学习更有价值的知识。（这里指的是提高生产的质量）

适度消费。经济条件好了，自然要享受人生，在喜欢的事情上多花一些时间，但凡事要有度，例如你喜欢看电影，周末连着看 3~5 部影片，即便你不会审美疲劳甚至难受，也会耽误做其他事情的时间。

减少浪费。为了提升人生效率，那些无法带来成果的事情一定要少做。

例如无意义的社交：跟几个朋友喝酒，每次都是抱怨，没有任何积极的因素。这样的社交尽量减少。

增加投资。对于未来的投资，尽管短期内看不到成效，但是一定要把眼光放长远。健身、学习、积累人脉、健康养生……一定要尽可能增加在这些方面的投资。

【万能公式】

每当你的职业生涯停滞不前的时候，都可以利用 PCWI 模型进行思考复盘，着眼于更加长远的未来。假设你目前就职于一家小公司，担任部门主管的职务，手里拿着两个大客户资源，每年到手的薪水大概 20 万元。

你目前没有经济方面的压力，但是也没有看到任何上升的渠道，试着通过 PCWI 模型规划自己的人生。

第一步：生产产品。也就是平时的主要工作，减少数量，同时提高质量。

1.控制生产的数量。假设你之前每天联系 10 个客户，现在精简到 5 个人。

2.提高生产的质量。对 5 名潜在客户进行更详细的背景调查，更精准的分析判断，从而提升合作可能性。

第二步：适度消费。将时间花在自己喜欢的事情上，但一定要适度。

你对古玩很有兴趣，平时经常去潘家园淘"宝"，因此花了很多钱，甚至影响了正常的生活消费。那么你需要减少在古玩方面的投资，不要将生活费也投进去。

第三步：减少浪费。如果想要提升时间效率，一定是以成果为导向的，那么所有不能带来成果的事情，都应该少做。

平时你经常跟朋友们喝酒聚会，每次喝多了大家都在各种抱怨，都是负能量，没有任何积极的意义。因此，你需要尽量断掉无意义的社交。

第四步：投资未来。把眼光放长远，向 3 年、5 年甚至是 10 年以后看。

你的工作已经到了瓶颈期，即便在短时间内提升了效率，整体状况也不会有太大改变。如果分析之后，你发现职业生涯的上升幅度已经十分有限，这时不妨着眼于未来，比如积累人脉，为之后的创业做好准备。

【自我训练】

通过 PCWI 模型对自己的人生进行一次有效的梳理。

第一步：你是否需要控制生产的数量？结合自己的工作，你打算具体怎么做？

_____

第二步：你准备如何提高生产的质量？结合自己的工作，你打算具体怎么做？

_____

第三步：你在兴趣爱好方面，是否存在过度消费的情况？

_____

第四步：你准备减少哪些无法带来成果的事项？

_____

第五步：你准备投资哪些未来将会带给你收益的事项？

_____

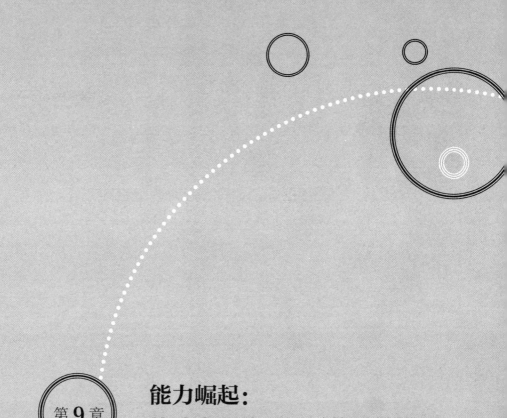

第 9 章

能力崛起：
快速实现阶层跃迁的思维模型

个人能力模型：准确评估自身能力

大多数人会习惯性地高估自己的能力，还有一些自卑的人容易低估自己，为了更好地进行自我评估，可以采用个人能力模型，有助于评估自己能否胜任当下的工作，完成手头的任务。

个人能力模型非常简单，只需要从必须、能够、想要这 3 个维度进行提问即可。

当遇到无法完成的困难任务时，或者是工作中遇到瓶颈时，都可以从以上三个维度进行自我提问，然后根据 1 分（完全不适用）到 10 分（完全适用）的分数区间，将你的回答填入这个模型当中。

你需要问自己 3 个问题。

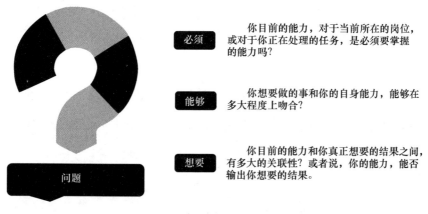

必须 你目前的能力，对于当前所在的岗位，或对于你正在处理的任务，是必须要掌握的能力吗？

能够 你想要做的事和你的自身能力，能够在多大程度上吻合？

想要 你目前的能力和你真正想要的结果之间，有多大的关联性？或者说，你的能力，能否输出你想要的结果。

问题

图 9-1　3 个问题

【万能公式】

以"提高写作能力"这件事举例，通过个人能力模型进行分析。

第一步：从"必须"的维度提问。

我的写作能力，在自媒体运营岗位，是必须掌握的能力吗？

是的，我的工作需要很强的文案写作能力。

10分

第二步：从"能够"的维度提问。

你想学习写作这件事，跟你的自身能力在多大程度上吻合？

从小学开始，语文就是强项，只是后来选择了理科，所以放弃了，因此我认为吻合度比较高。

8分

第三步：从"想要"的维度提问。

你目前的写作能力，能否支持你成为文案高手？

我认为只要找对方法，是可以在文案方面迅速提升的。

7分

通过上述3个问题的分析，你会得到自己的答案，分数比较高的话，则说明提升写作能力这件事完全可行。反之，如果3个问题的分数都比较低，则说明这件事在现阶段可行性不高，如果这件事对你来说足够重要，那么就需要进行相应的调整。可以先进行相应的学习，然后隔一段时间之后再次进行评估。

俗话说：选择不对，努力白费。在你不擅长的赛道，几乎可以肯定，你无法取得好成绩。因此，正确评估自身能力，在擅长的领域持续发力，这才是正确的选择。

【自我训练】

针对你准备提升的某项能力进行评估练习。

你准备提升哪方面的能力？

第一步：从"必须"的维度提问，你的分数是＿＿＿＿＿＿＿＿＿＿＿

第二步：从"能够"的维度提问，你的分数是＿＿＿＿＿＿＿＿＿＿＿

第三步：从"想要"的维度提问，你的分数是＿＿＿＿＿＿＿＿＿＿＿

你的结论是＿＿＿＿＿＿＿＿＿＿＿＿＿＿＿＿＿＿＿＿＿＿＿＿＿

OPA 模型：改变拖延，激发行动力

如今，大多数人都存在不同程度的拖延问题，执行力差，行动力不强，导致在日趋激烈的竞争中被挤出有利位置。OPA 模型则可以有效提升人们的行动意愿，改变自己被动拖延的态度。

在开始讲解之前，请大家对照以下标准，确定自己的行动力等级。

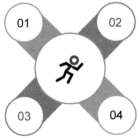

A级：工作主动性差，自我提升意愿不强，惰性强，工作中遇到困难习惯性退缩，对自己缺乏信心。

B级：工作态度尚可，具备一定工作能力，但是工作积极性一般，需要通过外界激励才能行动起来。

C级：工作积极主动，勇于承担责任，主动解决工作生活中遇到的问题，对自己很有信心。

D级：具有企业家精神，喜欢创新，对于遇到的困难，善于运用全新的方法解决问题。

图 9-2　行动力等级

如果你属于 A、B 两个级别，说明行动力还有很大的提升空间；如果你属于 C、D 两个级别，说明你的行动力已经很不错了，可以更进一步。

OPA 模型由 3 个英文单词的首字母构成，分别是 O（outcome，结果）、P（purpose，动机）、A（action，行动）。

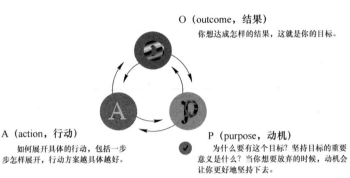

O（outcome，结果）
你想达成怎样的结果，这就是你的目标。

A（action，行动）
如何展开具体的行动，包括一步步怎样展开，行动方案越具体越好。

P（purpose，动机）
为什么要有这个目标？坚持目标的重要意义是什么？当你想要放弃的时候，动机会让你更好地坚持下去。

图 9-3　OPA 模型

【万能公式】

假设你很喜欢踢足球，但是体能不行，因此在队里始终踢不上主力。你心有不甘，认为自己的能力比其他队友强，凭什么总是打替补？你想通过跑步提升自己的体能，让自己拥有更加出色的状态。

然而，你发现自己行动的意愿并不强烈，总会找到各种借口拖延。接下来试着通过 OPA 模型提升自己的行动力吧！

第一步：写出你想达成的结果。

每天坚持跑步 5 公里，恢复体能，保证可以踢满 70 分钟的比赛。

第二步：给自己设定一个强烈的动机。

从小踢足球，而且水平很不错的你，如今唯一的遗憾就是没有拿过冠军。因此，拿到人生中的第一个冠军就是你的动机。

第三步：制定具体的行动方案并督促自己执行。

在强烈的动机之下，你开始制订跑步计划：

周一到周五，下班之后在楼下的公园慢跑一圈（2.5 公里）。

周六休息一天。

周日去奥林匹克公园慢跑半圈（5 公里），走半圈（5 公里）。

60 天之后增量，每天慢跑 5 公里，周末跑 10 公里。

OPA 模型的关键在于 P（动机），找到一个足够强烈的动机，是提升行动力的关键。设置动机一定要抓住自己内心最渴望的点，例如你想买房结婚，就要努力赚钱攒够首付；你想开车去自己想去的地方旅行，就要尽快报名学车拿到驾照。总之，这个动机一定是能够触动你的，这样才能更长久地坚持下去。

【自我训练】

针对你目前想要提升行动力的领域，通过 OPA 模型进行练习。

第一步：你想在哪方面提升行动力？

_____

第二步：你想在这一领域达成怎样的结果？

_____

第三步：设计一个能够触动内心的动机。

_____

第四步：制定具体的行动方案。

_____

MTV 模型：如何在 1 分钟内让别人记住你

MTV 模型是一种全新的自我介绍的方式，相比于传统的自我介绍方式，它更加快捷实用。如今是一个强调效率的时代，无论是面谈还是通过微信沟通，传统的自我介绍，例如讲一下自己的兴趣爱好，个人信息等内容，无疑会占用更多的时间，而 MTV 模型，让我们通过 3 句话来介绍自己，体现自己的价值，对方也可以由此判断出是否有进一步合作的必要。

MTV 模型更多的是用在工作中，尤其是在网络沟通或电话沟通过程中，添加客户微信之后，要尽可能简短地介绍自己，也方便对方快速记住重要信息。

MTV 分别是 3 个英文单词的首字母。

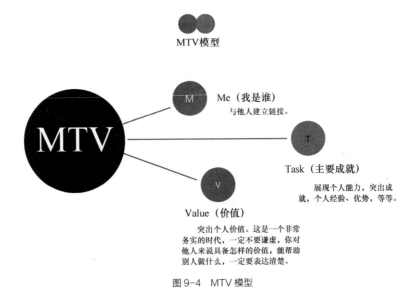

图 9-4　MTV 模型

一次优秀的自我介绍，至少要达到 3 条标准。

1. 给对方留下深刻印象。

2. 让对方感受到参与感。

3. 能够与对方产生高效链接。

借助 MTV 模型则可以轻松实现上述 3 条标准，接下来我们通过更具体的模板进行讲述。

【万能公式】

假设你是一位出版商，想约一位风头正劲的大咖写一本书，如何通过 MTV 模型介绍自己。

第一步：与他人建立链接，告诉对方你的基本信息。

第二步：具体展示自己所获得的成就。

第三步：突出个人价值，能够给对方提供怎样的利益。

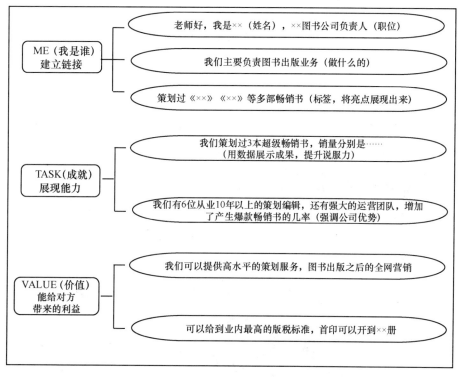

图 9-5　利用 MTV 模型进行自我介绍

【自我训练】

假设你即将与一位新客户见面，试着通过 MTV 模型给对方留下深刻印象。

第一步：准备我的基础信息。

_____

第二步：公司和个人分别有怎样的成就？

_____

第三步：能给对方提供怎样的价值？

_____

GRAI 模型：一步步变强的超级复盘力

GRAI 模型是一个非常简单好用的复盘工具，只需要 4 步即可完成个人复盘，能够让我们快速总结自己在某件事情上各个方面的得失，锁定问题原因，找到突破点，进而加以完善，实现快速成长。

GRAI 分别是 4 个英文单词的首字母。

GRAI模型
_____

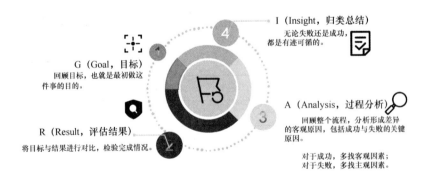

图 9-6　GRAI 模型

G（Goal，目标）：回顾目标，也就是最初做这件事的目的。目标一定要量化，可通过 SMART 原则分析。如果是团队整体目标，一定要拆解到个人，保证每个人分配到合理的目标。

R（Result，评估结果）：清晰地描述目标与结果之间的差异，检验完成情况，找到亮点与不足之处。

A（Analysis，过程分析）：回顾整个过程，从主观和客观两方面找出成功或失败的具体原因。对于成功，应该多找客观因素；对于失败，则应多找主观因素。对于比较复杂的原因，通过相关分析工具查找，例如鱼骨图、系统循环图等。

I（Insight，归类总结）：将对过程的分析结果（成功的经验与失败的教训）提炼总结为规律，分享给更多人。尤其是失败的教训，要找到解决问题的方法，避免下次再犯同样的错误。

【万能公式】

假设你是一位运营人员，上周做了一场扫码送电影票的活动，通过 GRAI 模型进行简单复盘。

第一步：回顾最初的目标，也就是做扫码送电影票这个活动的目的。

第二步：评估结果，送电影票活动一共吸引了多少粉丝。

第三步：回顾整个过程，分析结果与目标之间存在差距的原因。

第四步：总结本次活动失败的教训，找到具体的解决方案。

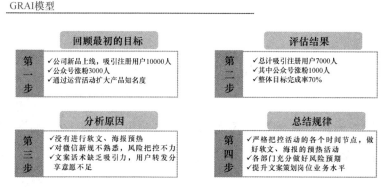

图 9-7　通过 GRAI 模型进行工作复盘

通过四步复盘，很容易发现问题所在，下一次就可以避免再犯同样的错误。

【自我训练】

年初的时候，你给自己设定了一个目标，工作半年之后，你打算通过GRAI 模型做一个年中复盘。

第一步：回顾年初制定的目标。

_____

第二步：半年之后的实际完成情况。

_____

第三步：列出实际完成情况与年初目标之间的差距。

_____

第四步：分析造成差异的原因。

_____

第五步：总结规律（失败的原因或成功的经验）。

_____

第六步：下半年准备如何改进，从而确保完成目标。

_____

福格行为模型：如何养成高价值行为习惯

福格行为模型的创始人是布莱恩·杰弗里·福格，他是"行为设计学"鼻祖，斯坦福大学行为设计实验室创始人。福格行为模型的具体公式如下：

B（Behavior，行为）=M（Motivation，动机）+A（Ability，能力）+P（Prompt，提示）

行为发生在动机、能力与提示三个因素同时出现的时候，动机是做出某种行为的欲望，能力是做出某种行为的执行力，提示则是做出某种行为的信号。一旦三要素同时出现，你所期待的行为就将发生。所以，如果你想培养某种行为习惯，就要努力促成这三个因素。

每天晚上睡前刷牙，每天早上喝一杯水，每天慢跑5公里……当你掌握了福格行为模型，这些习惯都能够轻松养成。

【万能公式】

假设你每天工作很忙，经常加班，回家洗漱之后已经晚上十一点了，可你并不想睡觉，而是想放松一下玩会儿手机。结果每次都刷到凌晨一两点，导致第二天上班精神状态很差。

接下来，试着通过福格行为模型养成早睡的习惯。

第一步：给自己一个动机，想清楚为什么要养成早睡早起的习惯。

第二步：你需要有足够的能力，让行为简单到随时随地都可以做到。

第三步：设置"锚点时刻"，让行为即刻发生。

什么是"锚点时刻"？想要养成新的习惯，实际上就是在旧习惯后面插入新的行为，从而促进新习惯的产生。这个旧习惯，就是"锚点"，在旧习惯后面插入新行为的时间节点，就是"锚点时刻"。

福格行为模型

02 A（Ability，能力）

这一步其实很容易，你只需要控制自己
玩手机的时间就可以了。然而，刷手机会让
大脑分泌多巴胺，越刷越兴奋。
因此，如果你无法控制刷手机的时间，可以
选择不玩手机。

03 P（Prompt，提示）

01 M（Motivation，动机）

熬夜导致第二天精神状态萎靡，工作效
率差，业绩下滑严重，经常被领导批评。如
果再不改变，很可能会被PIP（绩效改进计划）。
于是，你有了一个强烈的动机——保住工作。

每天23点洗漱完毕之后玩手机，在洗漱之后
（旧习惯）插入新的行为，比如在床头柜上放一
本书，用读书替代刷手机。

图9-8　福格行为模型

通过上述3步，就可以轻松养成一个新的行为习惯。接下来试着改变自己那些旧有的坏习惯吧，重新建立高价值的行为习惯。

【自我训练】

你嫌自己太胖了，想减肥，却又不想运动。试着通过福格行为模型进行自我改变吧。

第一步：设置一个强烈的动机。你为什么想要减肥？列出那些让你想要减肥的具体的事件、想法，例如喜欢的裙子穿不进去了，受到他人嘲笑，等等。

第二步：你是否拥有足够的能力？想要减肥却不想运动，你还能怎么办呢？（既然你没有坚持运动的能力，就要想出一些适合你的方法）

第三步：设置锚点时刻。不想运动又想减肥，那么只有管住嘴不吃饭了。那么每天到了饭点的时候，你准备通过怎样的新行为替代旧习惯呢？

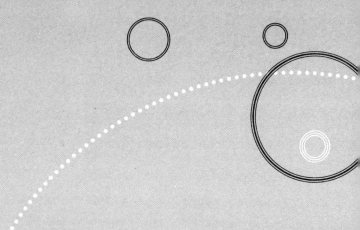

第 10 章

人际交往模型：
轻松成为受欢迎的人

五大圈层模型：快速识人，五层次深度剖析

想要快速了解一个人，可以采用五大圈层模型，从最外层开始，由外向内思考，层层递进，对他人建立快速、全面的评估。从外向内，五大圈层分别是：感知、角色、资源、能力、存在。

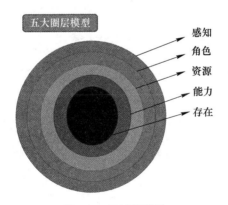

图 10-1　五大圈层模型

感知层：即一个人的外观、外貌。

角色框架层：一个人所从事的职业、担任的社会角色。

资源结构：包含财富、人脉和精神财富。

能力圈：即一个人的能力。

存在感：这是一个人的内核，他 / 她对自己的存在是怎么感知的。

从以上五大圈层入手，就可以比较全面地了解一个人了，接下来我们通过举例进行实战讲解。

【万能公式】

公司最近业绩欠佳，老板新招来了一位业务主管，和原主管的工作任务一样，主抓业绩，同时负责管理团队事务。这位新人据说是业务非常厉害，原主管感受到了压力，尝试通过五大圈层模型快速了解对方，以便为接下来的竞争做好准备。

第一步：从外貌分析。

从外表判断一个人，可以结合一些识人的技巧，例如从对方的穿着打扮、行为举止进行分析。

初步分析之后，原主管认为这位新人性格十分稳重，在言谈举止方面表现十分成熟，以此判断他对自己的能力十分自信。

第二步：从职业、社会角色分析。

从一个人的职业，所担任的社会角色判断。

通过多方打探，得知这位新人跳槽之前在××公司担任销售部总监的职位，而且是一路从销售新人爬上来的，客户资源丰富。

据说，前一家公司为了挽留他开出了高薪，甚至还让他担任公司副总的职位。从这一点判断，除了业务能力强之外，他还很擅长管理团队。

第三步：从资源结构层面分析。

从一个人的财富、人脉资源、精神财富等方面判断。

从这位新主管的手表、豪车就可以判断出，他的薪水一定很高，老板聘请他肯定是花了大价钱，或者是给了一定的股份。由此可以分析出，老板对他一定是寄予了很大期望。

新主管上任之后，陆续招来了以前的部下，很多都是大厂过来的，能力很强。能够在短时间找到这么多人，说明他的人脉资源丰富，同时具备很强的号召力。

精神财富指的是从事智力活动所取得的成就。新主管之前出版过两本专著，常年在业内讲座，老板应该就是听了他的演讲之后才决定聘请他的。

第四步：从能力层分析。

从个人能力方面进行分析。

新主管到任之后，在一个月内就把自己人安排好了，然后通过观察锁定了新进入公司的两个新人，还挖走了原来团队的销冠，说明其在人事管理方面有一定的手段。

上任之后的第二个月，就给公司拉来了一个大客户，这应该是他之前承诺的客户资源。之后陆续开发了一些小的客户资源，拓客能力强，渠道广。

第五步：从存在感方面分析。

从存在感方面进行分析。

这个主管从入职的第一天开始，似乎就把自己当成了团队老大。看来老板一定是承诺了什么，设置两个主管很可能是为了过渡，方便交接工作。

从搭建自己的团队这件事分析，他对于进展十分满意，说明了未来会以这班人为核心构架，其他人很可能会被洗牌。

基于以上五步的分析，原主管认为这是老板有意替换掉销售部原班人马，自己和原团队无论怎样努力可能也无法改变现状，目前明显是过渡期。自己有必要告知团队成员，并开始寻找下家了。

【自我训练】

使用五大圈层模型识人，建议先在生活中入手，以免在职场使用过程中出现误判。对于生活中新结识的朋友，可以通过五大圈层模型进行训练，然后通过一段时间的交往进行验证。当你运用自如之后，便可以在职场或者是在其他重要场合中使用了。

假设你是飞盘爱好者，并且在球队中担任着组织者的角色。球队新来了一位队友，你需要快速判断对方是偶尔玩一玩，还是愿意长期坚持下去并入队。如果想入队，是否能够融入团队？通过五大圈层模型进行分析。

第一步：从外貌判断，新队友的穿着打扮、言谈举止有什么特点？

_____

第一圈层结论：

_____

第二步：询问新队友从事什么职业，担任哪些社会角色？

_____

第二圈层结论：

_____

第三步：新队友的财力如何？人脉资源怎样？

_____

第三圈层结论：

_____

第四步：从能力层分析，新队友的能力怎样？能否担任球队主力？

_____

第四圈层结论：

_____

第五步：通过新队友几天的表现，判断新队友是否融入了球队？在球队的存在感如何？

第五圈层结论：

第六步：最终判断——是否考虑吸纳这位新队友入队？

FFC 模型：赞美他人的万能公式

人人都喜欢听赞美而不是批评、指责，这是人性的特点，所有人都清楚地知道这一点，但还是有很多人不懂得如何表达赞美，要么吝啬于溢美之词，要么赞美不当，导致场面十分尴尬。

感受一下这样的场景。

图 10-2 赞美他人的示范

很显然，右侧的赞美效果更好，这就是 FFC 模型，由 3 个英文单词的首字母组成：

F（Feeling，感受）：充分表达自己的感受。

F（Facts，事实）：进一步通过陈述事实证明自己的感受，避免给人假大空、溜须拍马的感觉。

C（Compare，比较）：通过对比，表达出感受的深度。

多数人在赞美他人的时候，一般都能充分表达出自己的感受，然而缺少后两步，则很难让他人产生共情，缺少说服力。所以这样的赞美，实际上会让人很扫兴。FFC 模型，则是在充分表达感受的基础之上，进一步对事实进行描述，从而凸显真实感。同时通过对比，又凸显出赞美的深度。

这样一来，被赞美者就会与你产生共鸣，认为你说得对，是这么回事，自然也就开心了。

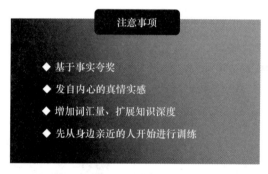

图 10-3　注意事项

【万能公式】

你是一位职场新人，得到了前辈的帮助，你想表示感谢。利用 FFC 模型进行赞美训练：

第一步：充分表达内心的真实感受，一定要是发自内心的真情实感。

第二步：陈述事实。

第三步：通过比较，表达感受的深度，更进一步说服被赞美者。

1 充分表达内心的真实感受

"前辈，您人真好，我刚毕业什么都不会，要不是您手把手教我，我都不知道该怎么办了。真是太感谢您了！"

2 陈述事实

"我刚进公司时，工作报告都不会写，要不是您给我提供模板，现在我都写不出来。尤其是客户资源，我一个新人哪来的客户啊，没有您分给我客户，我估计都过不了实习期。"

3 通过对比表达感受的深度

"不瞒您说，之前那家公司也给我安排了一个前辈，但是他什么都不管，每次都是敷衍我，结果考核的时候没通过。幸亏遇见您了，要不这次考核估计也悬了。"

FFC 模型

图 10-4　FFC 模型

【自我训练】

试着在家里进行赞美训练，当运用自如之后，再去工作中使用。例如，你可以赞美自己的家人，比如你打算赞美自己的妻子。

第一步：对妻子表达自己的真情实感。

_____

第二步：阐述事实，讲一下妻子对家庭的贡献。

_____

第三步：与其他家庭进行对比。

_____

FOSSA 模型：如何与有情绪的人沟通

按常理来说，如果对方正在气头上，这时最好避而远之，然而工作不能等，如果刚好你的同事们被领导一顿臭骂，而你又需要找他们办事，这时就会很尴尬。硬着头皮上，对方可能会将怒气发泄到你的头上。

这时，想要正常沟通就需要极高的情商，然而并非每一个人都具备高情商，那么想要尽快从同事那里得到帮助，完成合作，又不至于被当成出气筒，应该怎么办呢？

FOSSA 模型就可以做到，它专门用于与有情绪的人沟通，非常简单，它由 5 个英文单词的首字母组成。

F（Feeling，确认感受）：沟通的第一步，先确认对方的感受，如果对方情绪非常糟糕，则换个时机沟通；如果你认为对方的情绪可以进行正常沟通，则进入第二步。

O（Objective，确认目标）：让对方意识到还有共同的目标尚未完成。

S（Situation，现状如何）：进一步了解工作进度，确认现状。

S（Solution，解决方法）：对方正在被情绪困扰，所以这时需要你帮忙给出解决方案，引导对方。

A（Action，达成行动共识）：到了这一步，对方的情绪应该已经有所平缓，能够意识到当前工作的重要性了，此时进一步达成行动共识，这次沟通就算完成了。

【万能公式】

晨会之后，项目组的同事们情绪沮丧地走出来，很显然是刚被领导狠狠地批评了一顿。你发现其他同事找他们谈工作，他们要么不理不睬，要么直接怼回去。这时，宣传部的你，需要跟项目组的晓楠对接进度，而她可是出了名的暴脾气，该怎么说才能避免被怼，顺利开展工作呢。

针对这个情况，我们通过 FOSSA 模型进行讲解。

第一步：确认对方感受，一定要从对方的角度考虑问题，感同身受，并站在对方的角度说话。可以举自己的例子，拉近彼此距离。

"晓楠，你现在好点吗？心里是不是很委屈？我非常理解你的感受，上次也是有一个项目，每天加班到凌晨，每个人都非常上心，结果因为没能按期交付被领导一通骂。"

"是啊，委屈死了，我们这么拼，他也太不近人情了！"

第二步：确认目标，让对方意识到还有未完成的任务，表达一定要委婉，避免再次刺激对方。

"我觉得现在就是要证明自己，把项目做好，让领导没话说。我上次就是，因为延期被领导质疑能力问题，结果我们团队在下一个项目中提前完工！"

"对，你说的没错，用能力证明自己。"

第三步：确认工作现状，从对方口中了解工作整体进度如何。

"现在我这边被领导催着要宣传方案，你们这边进展到哪一步了？我们需要今天就给出项目方案和初步行动规划，免得明天开会再挨批。"

"我这边进展到 ×××，我整理一下资料，一会儿碰一下方案。"

第四步：提供解决方法。对方正在被情绪困扰，脑子很乱，可能想不出太好的方案，这时就需要你尽自己的所能给出解决方法，引导对方。当然，专业内容还是要尊重对方的意见。

"关于方案这块，我有一个想法，你看看怎么样。你把项目资料准备好，我先做电商宣传页，然后再……"

"也好，这样分工效率更高。"

第五步：达成行动共识，顺利结束此次沟通。

"那好，我们现在讨论一下方案，确定一下具体的细节问题。"

"好的，没问题。"

【自我训练】

利用 FOSSA 模型沟通，可以先从比较亲近的人开始训练，因为同事之间如果使用不当很可能让关系恶化。假设你的老公因为工作不顺心，回家之后闷闷不乐，而你又需要跟他商量孩子上学的事，试着通过 FOSSA 模型沟通。

第一步：确认老公目前的情绪状况，判断是否可以进行沟通。

_____

第二步：委婉地表达孩子上学的事情还没定下来。

_____

第三步：与老公确认孩子上学这件事的具体进度。

_____

第四步：对于现阶段的问题，给出一些可行的解决方法。

_____

第五步：达成行动共识，引导老公行动起来。

_____

PAP 模型和 GTK 模型：如何委婉地提出建议

在人际沟通过程中，如何给他人提建议，尤其是带有批评性质的建议是最难的。这对说话方式、情商能力要求很高，然而如今的工作节奏太快，在与他人沟通的过程中根本没时间仔细思考，很容易因为说错话而影响人际关系。

这也是很多职场新人烦恼的原因，由于缺少社会阅历，情商能力欠缺，导致在人际沟通中经常犯错而不自知，严重影响了工作。

这一节主要介绍两个模型，功能相似，作用都是更好地让他人接受自己的建议。一个是 PAP 模型，建议用在生活中；另一个是 GTK 模型，建议用在职场中。

PAP 模型非常适合初入社会、阅历尚浅的新人使用，在给他人提出建议的时候，按照 P（Praise，夸奖）、A（Advice，建议）、P（Praise，夸奖）三步进行。

实际上，PAP 模型就是一个"夸踩夸"的过程：

第一步：P（Praise，夸奖）。第一次夸奖，着重于找到对方的闪光点，给予肯定。

第二步：A（Advice，建议）。针对你觉得不妥，或者是有必要改进的地方，提出自己的建议。记住，这一步不是让你批评对方，即便对方做得不对甚至是很差。基于人性的特点，人们对于他人的批评会产生逆反心理，所以第二步主要描述观察到的现象，讲述自己的经验，并提供切实可行的改进方法。

第三步：P（Praise，夸奖）。第二次夸奖，重在鼓励，目的是给对方增加自信，同时也会让对方更容易接受你的建议。

跟 PAP 模型类似的，还有一个 GTK 模型，一般多用于上级与下级沟通的场景。如今的年轻人都很有个性，作为领导，与下属沟通的时候一定要讲究方式方法，特别是提出建议的时候。带有批评口吻的建议，年轻人很难接受，这时就需要用到 GTK 模型。

第一步：G（Good，夸奖）。在给出反馈时，先强调对方做得好、值得肯定的地方。

第二步：T（Try，尝试）。当你想让对方在某方面进行改进的时候，要以建议对方尝试一个全新挑战的口吻表达，然后给出自己的解读方式、具体示范，等等。

第三步：K（Keep，保持）。对于对方做得不错的地方，要给予肯定，并让他们保持住。

【万能公式】

两个模型功能相似，我们以 GTK 模型举例说明。"李丽是公司销售一部的主管，近期团队来了几位刚大学毕业的新人，其中蒙蒙的表现抢眼，不过在待人接物、说话口吻方面存在问题。她想给蒙蒙一些建议，于是选择通过 GTK 模型进行沟通。"

第一步：G（Good，夸奖）。对于蒙蒙近期在工作中的表现给予肯定。

第二步：T（Try，尝试）。从客户反馈来看，蒙蒙在沟通表达的过程中存在一些问题，客户反馈这个小女孩性格有点冲，说话过于强势。李丽想委婉地给出建议，让蒙蒙提升一下在待人接物方面的情商。

第三步：K（Keep，保持）。对于蒙蒙表现出色的地方，鼓励她进一步保持下去。

第一步：G（Good，夸奖）

　　蒙蒙，实习期你的表现很好，开拓客户非常积极，在新开客户这项，你比很多老员工都出色。

第二步：T（Try，尝试）

　　蒙蒙，你的性格很适合做销售，这一点很像我。不过我当年因为说话冲踩过很多坑，没少被客户投诉，最关键的是这让我丢了好几单生意。
　　你在跟客户沟通，尤其是跟领导沟通的时候，表达要委婉一些。可以适当说一些赞美的话，暖场之后再切入主题。

第三步：K（Keep，保持）

　　蒙蒙，你在开拓客户方面真的很有天赋，继续保持下去，我估计用不了多久，我们团队的销冠就要易主了。

图 10-5　GTK 模型

无论是 PAP 模型还是 GTK 模型，都涉及一个心理学专业名词——"峰终定律"：人们在经历一件事后，会记住两个点——高峰点和终点。其中，高峰点就是第二步，虽然是"踩"，但是只要表达方式正确，对方还是能够记住你想表达的关键内容；终点就是第三步，最后一步一定落在"夸"上面，给对方信心，这样才能达到最好的效果。

【自我训练】

在自我训练过程中，建议先从生活中采用 PAP 模型进行练习，熟练之后再运用到职场。找一个比较亲近的朋友，找到一个你希望他改变的点，然后通过 PAP 模型进行沟通。

第一步：选择你的朋友。

_____

第二步：你希望他改变哪一点？

_____

第三步：围绕你想让对方改变的"点"，找出对方相关的闪光点给予肯定。

_____

第四步：列举自己的经验之举，给出切实可行的方法。

_____

第五步：基于两个人曾经共同经历过的事件，再次给予对方称赞。

_____